Franz
LISZT

2 Episoden aus Lenau's Faust
S. 110

Study Score
Partitur

PETRUCCI LIBRARY PRESS

INSTRUMENTATION

3 Flutes (3rd also Piccolo)

2 Oboes

English Horn

2 Clarinets

2 Bassoons

4 Horns

2 Trumpets

3 Trombones

Tuba

Timpani

Percussion
(Triangle, Cymbals, Bell)

Harp

Violins I

Violins II

Violas

Violoncellos

Basses

Duration: ca. 25 minutes

First Performance: March 8, 1861 (No. 2 only)
Weimar: Hofkapelle Weimar
Franz Liszt, conductor

ISBN: 978-1-60874-037-6

This score is an unabridged reprint of the score
first issued in Leipzig by Breitkopf & Härtel, 1913. Plates F. L. 15-16

Printed in the USA
First Printing: December, 2011

DER NÄCHTLICHE ZUG

Am Himmel schwere, dunkle Wolken hangen
Und harrend schon zum Walde niederlauschen.
Tiefnacht; doch weht ein süßes Frühlingsbangen
Im Wald, ein warmes, seelenvolles Rauschen,
Die blütentrunknen Lüfte schwinden, schwellen,
Und hörbar rieseln alle Lebensquellen.
O Nachtigall, du teure, rufe, singe!
Dein Wonnelied ein jedes Blatt durchdringe!
Du willst des Frühlings flüchtige Gestalten
Auch nachts in Lieb' und Sehnsucht wach erhalten,
Daß sie, so lang die holden Stunden säumen,
Vom Glücke nichts verschlafen und verträumen. —
Faust aber reitet fürder durch die Nacht,
Und hat im düstern Unmut nimmer acht
Der wunderbar bewegten Frühlingsstimmen.
Er läßt nunmehr sein Roß gelassen schlendern
Den Weg dahin an frischen Waldesrändern.
Leuchtkäfer nur, die hin und wieder glimmen,
Bedämmern ihm die Pfade manchesmal,
Und selten ein verlorner Sternenstrahl.
Je tiefer ihn die Bahn waldeinwärts führt,
Je stiller wird's, und ferner stets verhallen
Der Bäche Lauf, das Lied der Nachtigallen,
Der Wind stets leiser an den Zweigen rührt. —
Was leuchtet dort so hell zum Wald herein,
Daß Busch und Himmel glüh'n in Purpurschein?
Was singt so mild in feierlichen Tönen,
Als wollt' es jedes Erdenleid versöhnen?
Das ferne, dunkle, sehnsuchtsvolle Lied
Weht süßerschütternd durch die stille Luft.
Wie einem Gläubigen, der an der Gruft
Von seinen Lieben weinend, betend kniet,
In seine hoffnungsmilden Schmerzensträume
Hinter den Gräbern flüstern die Gesänge
Der Seligen: so säuseln diese Klänge
Wohllautend durch die aufhorchsamen Bäume.

Faust hält sein Roß und lauscht gespannter Sinne,
Ob nicht der helle Schein und Klang zerrinne
Vor Blick und Ohr, ein träumerischer Trug?
Doch kommts heran, ein feierlicher Zug.
Da scheucht es ihn, in's Dunkel hoher Eichen
Seitab des Wegs mit seinem Roß zu weichen
Und abzuschreiten zwingt unwiderstehlich
Der Zug ihn jetzt, der näher wallt allmählich.
Mit Fackellichtern wandelt Paar an Paar,
In weißen Kleidern, eine Kinderschar,
Zur heilig nächtlichen Johannisfeier,
In zarten Händen Blumenkränze tragend;
Jungfrauen dann, im ernsten Nonnenschleier
Freudvoll dem süßen Erdenglück entsagend;
Mit Kreuzen dann, im dunkeln Ordensrocke,
Ziehn priesterliche Greise, streng gereiht,
Gesenkten Hauptes, und in Bart und Locke
Den weißen Morgenreif der Ewigkeit.
Sie schreiten singend fort die Waldesbahnen.
Horch! wie in hellen Kinderstimmen singt
Die Lebensahnung, und zusammenklingt
Mit greiser Stimmen tiefem Todesahnen!
Horch, Faust, wie ernster Tod und heitres Leben,
In Gott verloren, hier so schön verschweben!
Er starrt hervor aus dunklem Buschesgitter,
Die Frommen um ihr Glück beneidend bitter.
Als sie vorüber, und der letzte Ton
Des immer fernern, leisern Lieds entflohn,
Und als der fernen Fackel letzter Schein
Den Wald noch einmal zauberhell verklärt,
Und nun dahin am Laube zitternd fährt,
Als Faust im Finstern wieder steht allein:
Da faßt er fest und wild sein treues Roß,
Und drückt das Antlitz tief in seine Mähnen
Und weint an seinem Halse heiße Tränen,
Wie er noch nie so bitter sie vergoß.

Lenau.

Carl Tausig gewidmet

ZWEI EPISODEN AUS LENAUS 'FAUST'

S. 110

1. DER NÄCHTLICHE ZUG

Am Himmel schwere dunkle Wolken hangen
Und harrend schon zum Walde niederlauschen.
Tiefnacht . . .

FRANZ LISZT (1811-1886)

Andante moderato e mesto.
Langsam und düster.

3 Flöten.

2 Hoboen.
Später Englisches Horn.
Later English horn.
Plus tard Cor anglais.
Később angolkürt.

2 Klarinetten in A.

2 Fagotte.

gestopft.   stopped.   cuivré.   tömve.

2 Hörner in F.

2 Hörner in E.

2 Trompeten in E.

2 Tenorposaunen.

Baßposaune u. Tuba.

Pauken.

Gis. E.

Später Harfe und eine Glocke in Cis.   NB. in Ermangelung der Glocke: Tamtam.
Later Harp and a bell in C♯.   Note. Gong where no bell available.
Plus tard la harpe et une cloche en ut♯.   NB. à défaut de cloche un tamtam.
Később hárfa és egy cis-harang. NB. harang híjján tam-tam.

1. Violinen.

2. Violinen.

Bratschen.

Violoncelle.

Kontrabässe.

Andante moderato e mesto.
Langsam und düster.

tranquillo
2 Fl.
ruhig
Klar.
ten.
ruhig
Fag.
a 2
cresc.
ten. 1.u.2. Horn muta in E.
Hr.
1. Viol.
2. Viol.
Br.
sf
Vcl. u. Kb.
cresc.
tranquillo
A
riten. molto
2 Fl.
Hob.
Klar.
Fag.
a 2
smorz.
con sordino
con sordino
con sordino
A
riten. molto

4

..... doch weht ein süßes Frühlingsbangen
Im Wald, ein warmes, seelenvolles Rauschen,
Die blütentrunknen Lüfte schwinden, schwellen,

Und hörbar rieseln alle Lebensquellen.
O Nachtigall, du teure, rufe, singe!
Dein Wonnelied ein jedes Blatt durchdringe!

*) Den Triller in den Flöten und Violinen sehr üppig.
The shake in the flutes and violins very brilliantly.
Le trille des flûtes et des violons très serré.
A furulák és hegedűk trillái sűrűek.

smorz.
Muta in F.
C
un poco accelerando
Fl.
dolce
Hob.
ruhig
p dolce
Klar.
pp
Hr. in F.
p
espress.
pizz.
(un poco accelerando)

a tempo. allmählich etwas drängender.
poco a poco un po' accelerando.
poco rall.
Fl.
dim. smorz.
dolce appassionato
Hob.
dim.
Klar.
a 2
Fag.
Hr. in F.
p dolciss.
Tr.
Pos. 1. 2.
Pos. 3. u. Tuba.
Pk.
1. Viol.
div.
2. Viol.
arco
Br.
Vcl.
Kb.
poco rall.
a tempo. allmählich etwas drängender.
poco a poco un po' accelerando.

Kl. Fl.
2 Fl.
a 2
sf
a 2
a 2
pp
p
p
sf e rinforz.
sf e rinforz.
trem.
sf
legato e marc.
legato e marc.

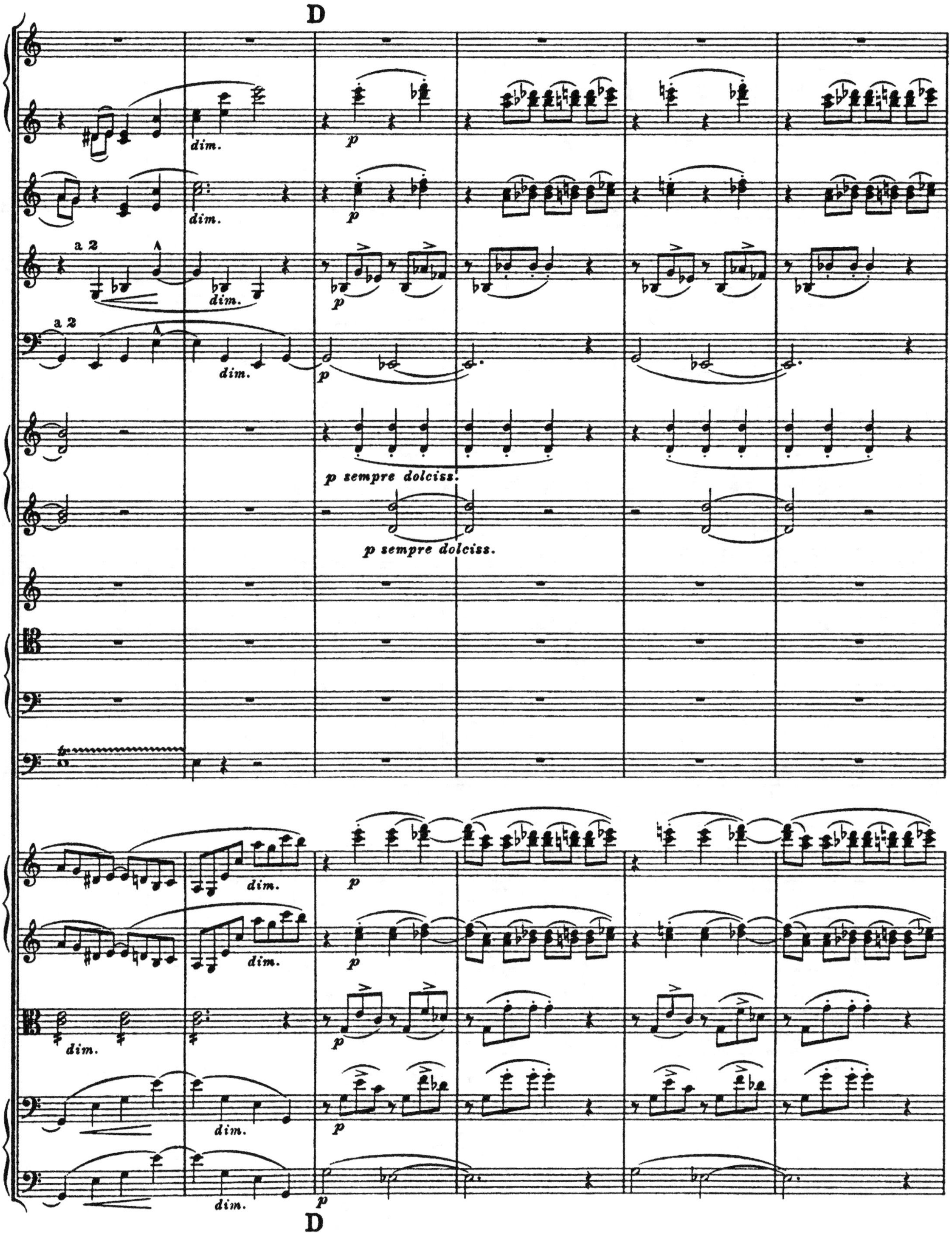
D
a 2
a 2
dim.
p
p sempre dolciss.
p sempre dolciss.
tr
D

a 2
sf
dim.
a 2
sf
dim.
a 2
a 2
dim.
a 2
dim.
pp
p
tr
pp
sfz e rinforz.
dim.
sfz e rinforz.
dim.
trem.
sfz
dim.
legato e marc.
dim.
legato e marc.
dim.

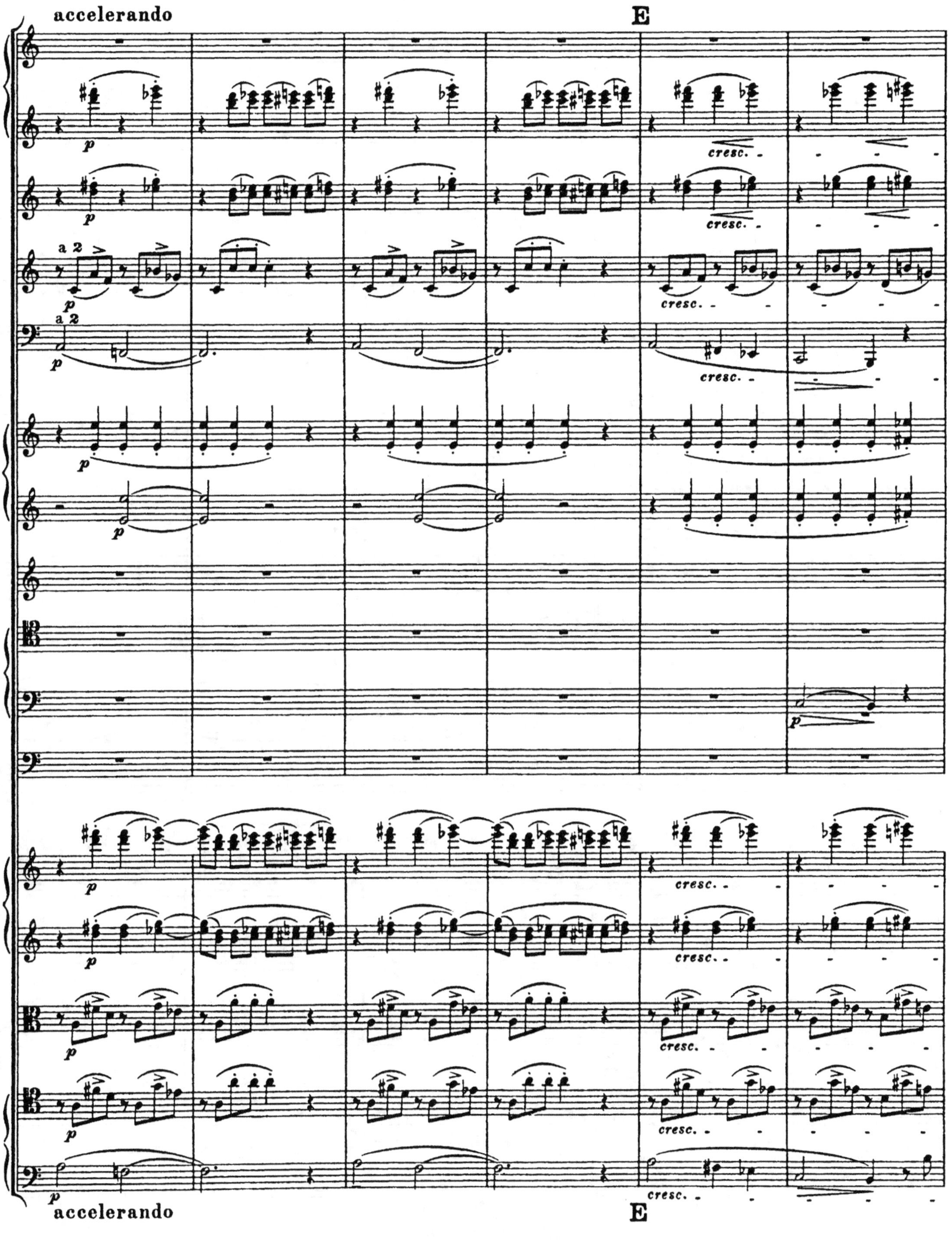
accelerando
E
a 2
p
cresc.
a 2
p
cresc.
accelerando
E

più accelerando   (agitato molto)

più accelerando   (agitato molto)

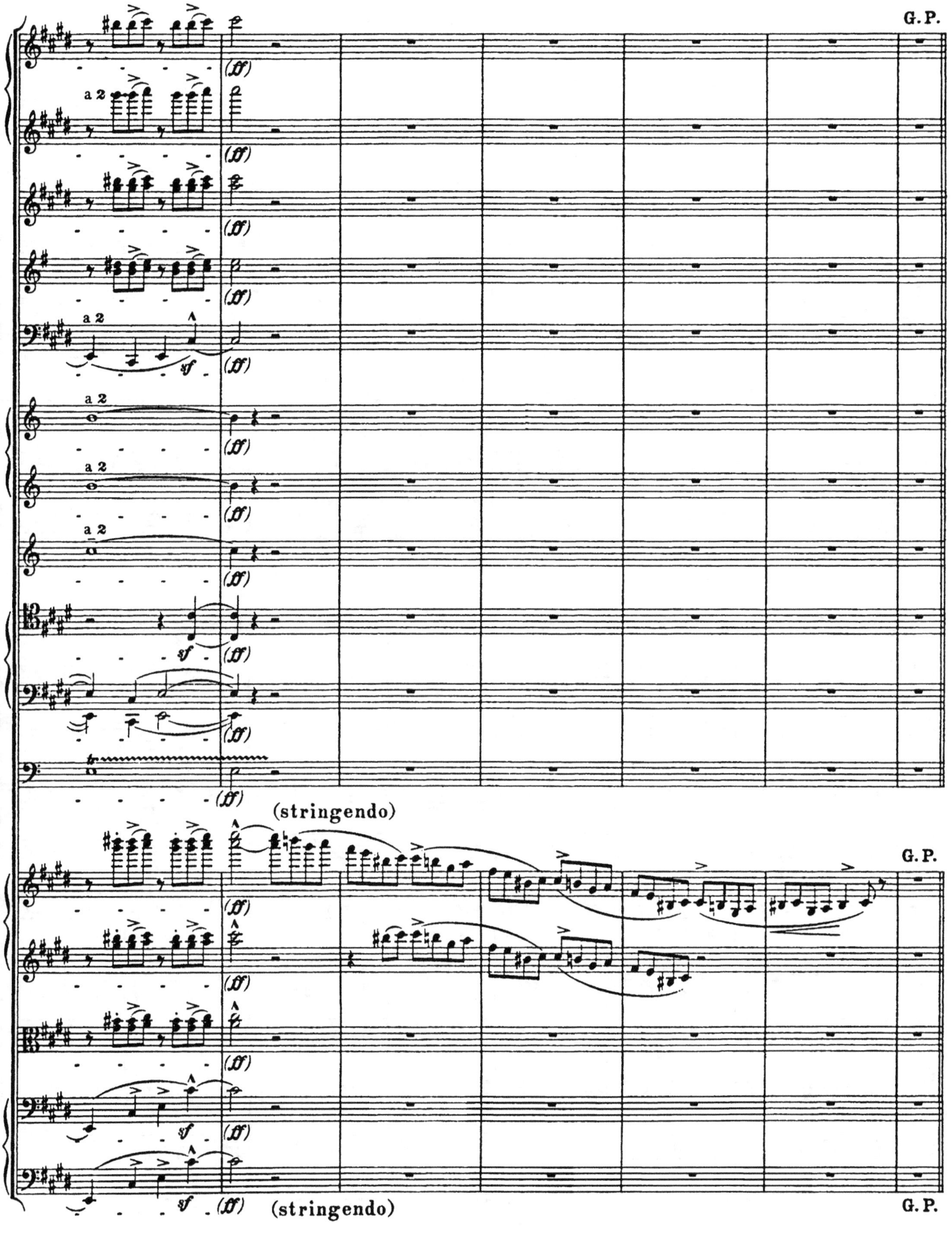
G. P.
a 2
(ff)
sf
tr
(stringendo)
G. P.
(stringendo)
G. P.

Faust aber reitet fürder durch die Nacht,
Und hat im düstern Unmut nimmer Acht
Der wunderbar bewegten Frühlingsstimmen.
Er läßt nunmehr sein Roß gelassen schlendern
Den Weg dahin an frischen Waldesrändern.

G
2 Fl.
Hob.
Klar.
Fag.
1. Viol.
2. Viol.
Br.
Vcl.
Kb.
p
pp
G
2 Fl.
Hob.
Klar.
Fag.
Hr. 1. 2. in F.
ten.
sf
Muta in E.

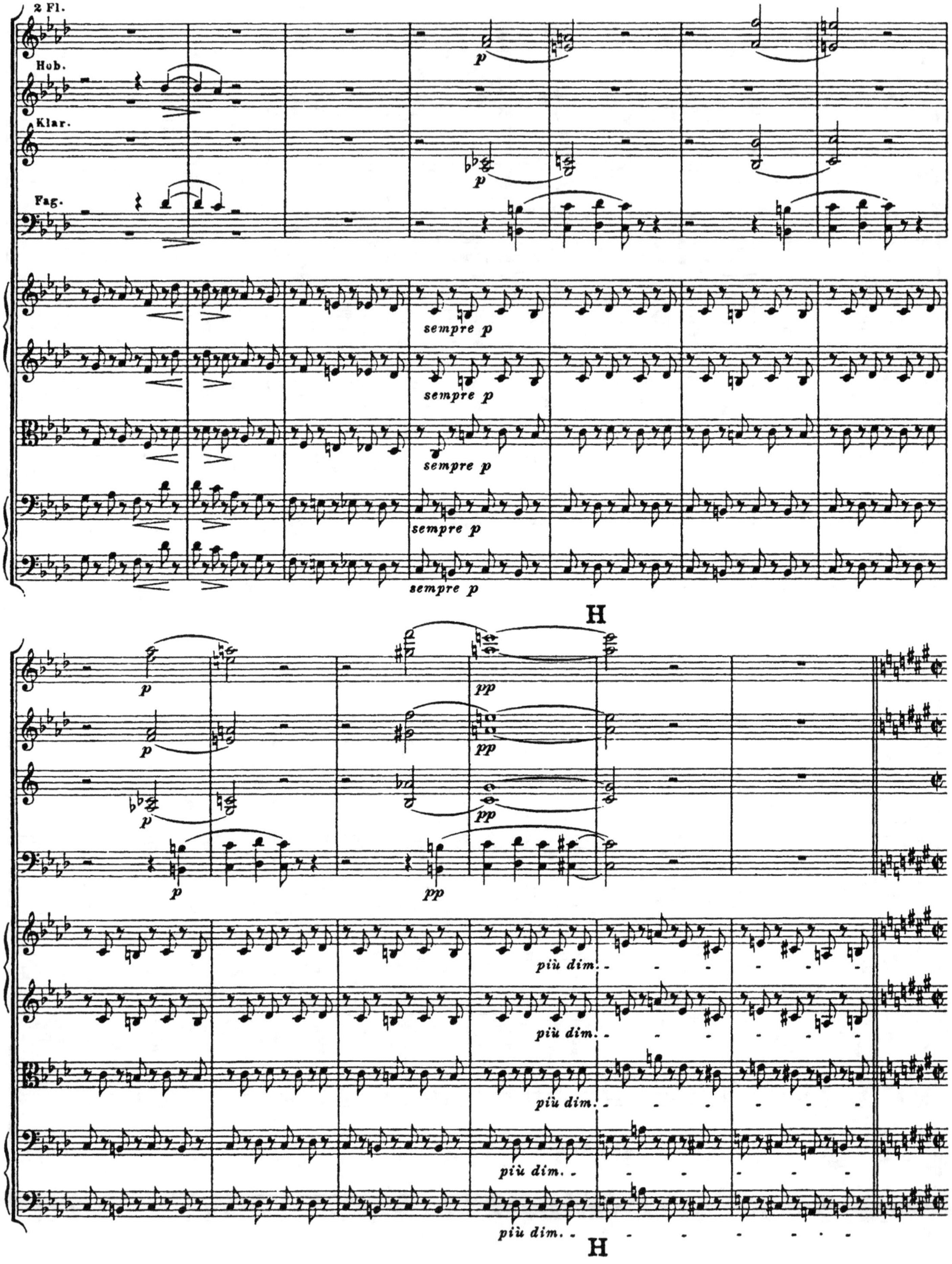
2 Fl.
Hob.
Klar.
Fag.
p
sempre p
H
pp
più dim.

Was leuchtet dort so hell zum Wald herein,
Daß Busch und Himmel glüh'n in Purpurschein?
Was singt so mild in feierlichen Tönen,

Als wollt' es jedes Erdenleid versöhnen?
Das ferne, dunkle, sehnsuchtsvolle Lied
Weht süßerschütternd durch die stille Luft.

Alla breve taktieren. —
Un poco più mosso.

schwebend, aber nicht schleppend.
calmly, but not dragged.
flottant, mais sans traîner.— *„lebegő,"de el nem nyújtott tempóban.*

Un poco più mosso.
Alla breve taktieren. —

schwebend, aber nicht schleppend.
calmly, but not dragged.
flottant, mais sans traîner.
„lebegő,"de el nem nyújtott tempóban.

NB. Die Blasinstrumente und Harfe wie fernes Glockengeläute — immer sehr ruhig.
NB. The wind-instruments and harp like a peal of bells from afar — always very tranquilly.
NB. Les instruments à vent et la harpe imitent une sonnerie lointaine de cloches, — toujours très calme.
NB. A hárfa és a fúvók hangja úgy hangozzék, mint távoli harangszó,— mindig nagyon nyugodtan.

I
sempre p
sempre p
sempre p
a 2
un poco cresc.
a 2
un poco cresc.
ppp
poco cresc.
dim.
ppp
sempre arpeggiando
cresc.
p misterioso
divisi
trem.
pp misterioso
trem.
pp misterioso
p
p
I

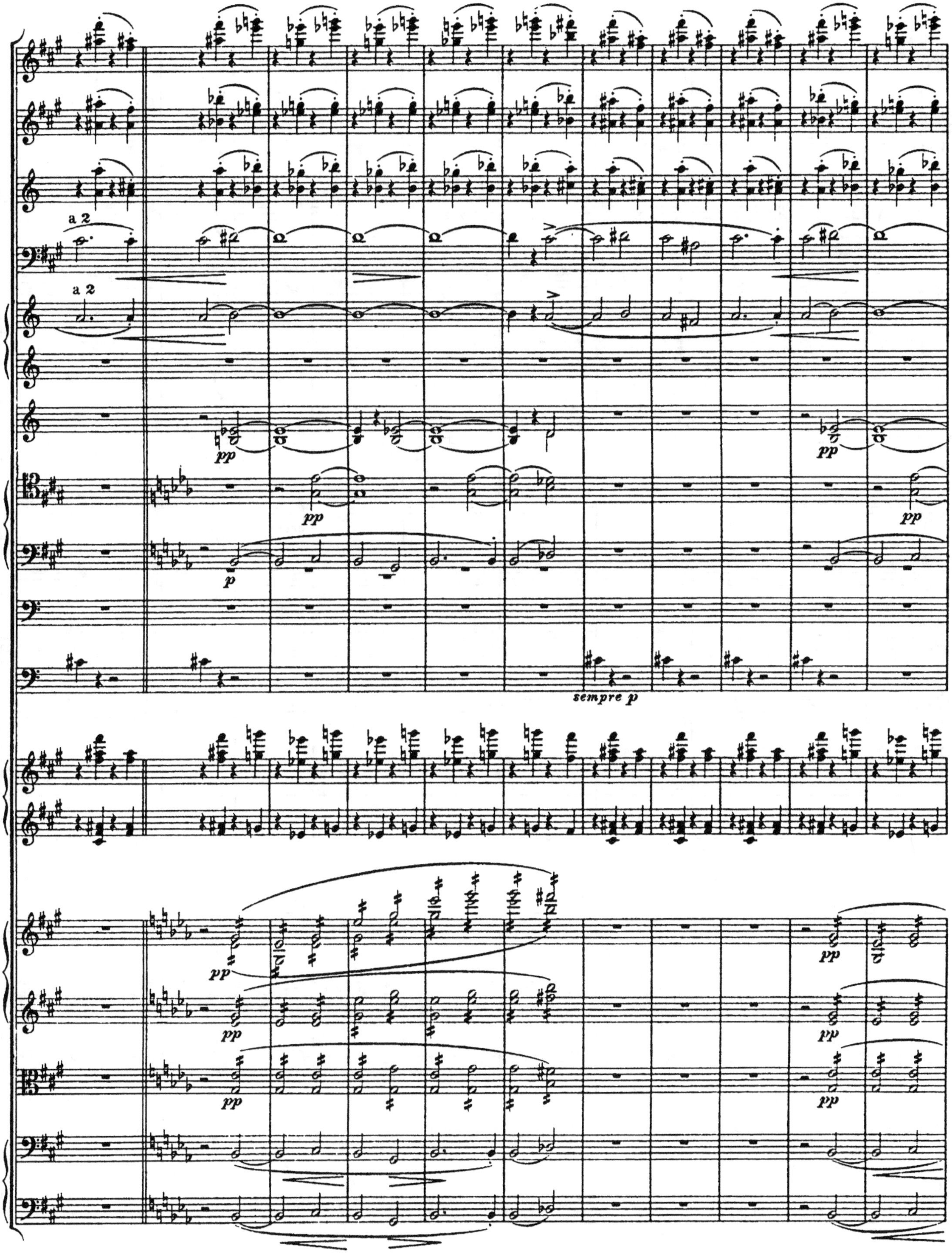
a 2
a 2
pp
pp
p
sempre p
pp
pp
pp

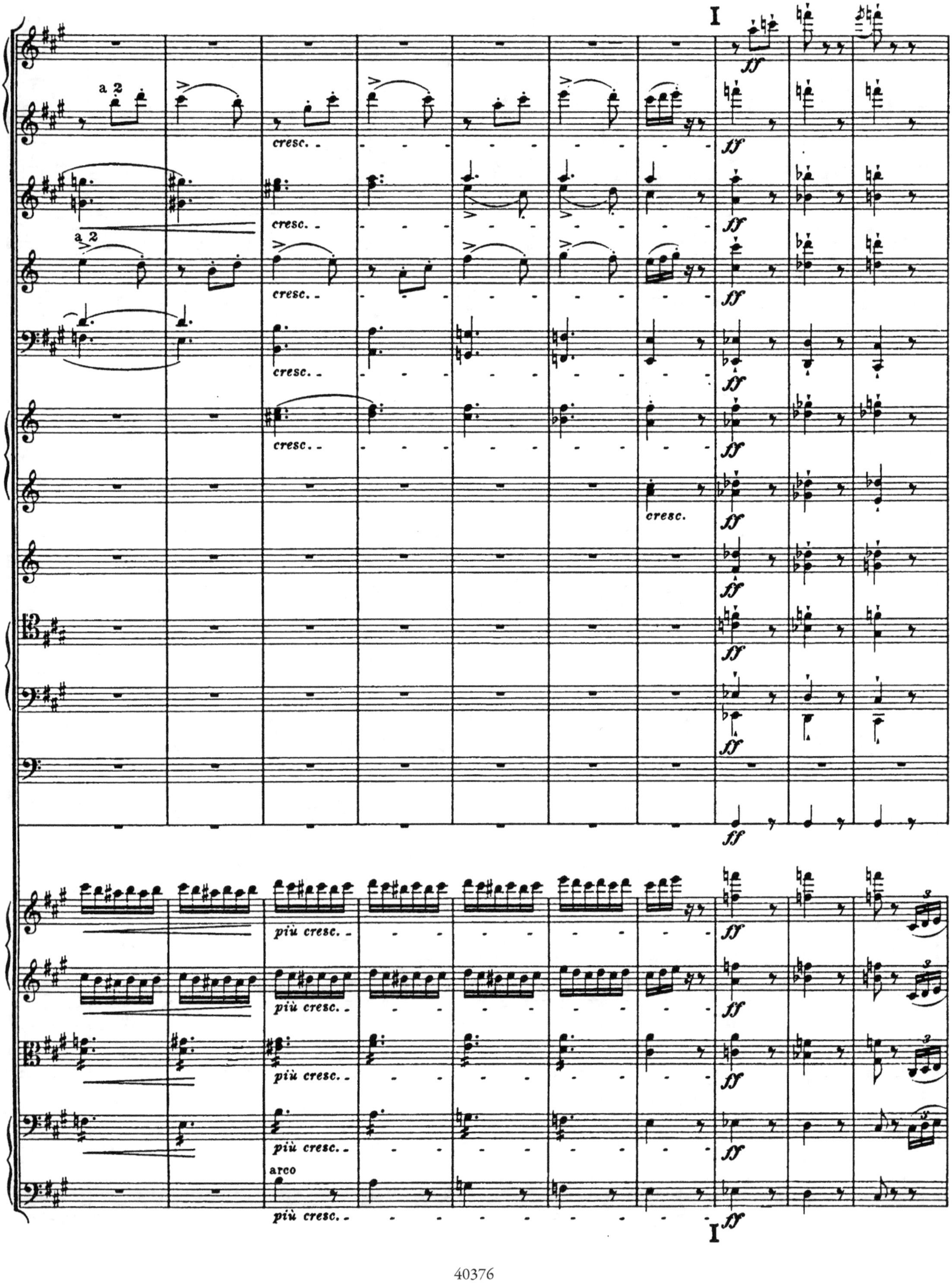
I
a 2
cresc.
ff
più cresc.
arco
I

poco rit.
M
dolce
smorz.
I.
a 2
p
poco rit.
M
1. 2. Fl.
Hob.
Engl. H.
Klar.
Fag. I.
Hr.
N
p dolce
sempre dolce
con sord.
Vcl.
Kb.
arco
N

O
Kl. Fl.
Fl.
Hob.
Engl. H.
Klar.
Fag. a 2
a 2
Hr.
sf
sf
a 2
mezzo forte, non troppo
mezzo forte, non troppo
Tr. in E.
p dolce
mezzo forte, non troppo
1. u. 2. Pos.
mezzo forte, non troppo
3. Pos. u. Tuba
mezzo forte, non troppo
Pk.
Glocken.
Harfe.
mezzo forte
sf
mezzo forte
sf
mezzo forte
O

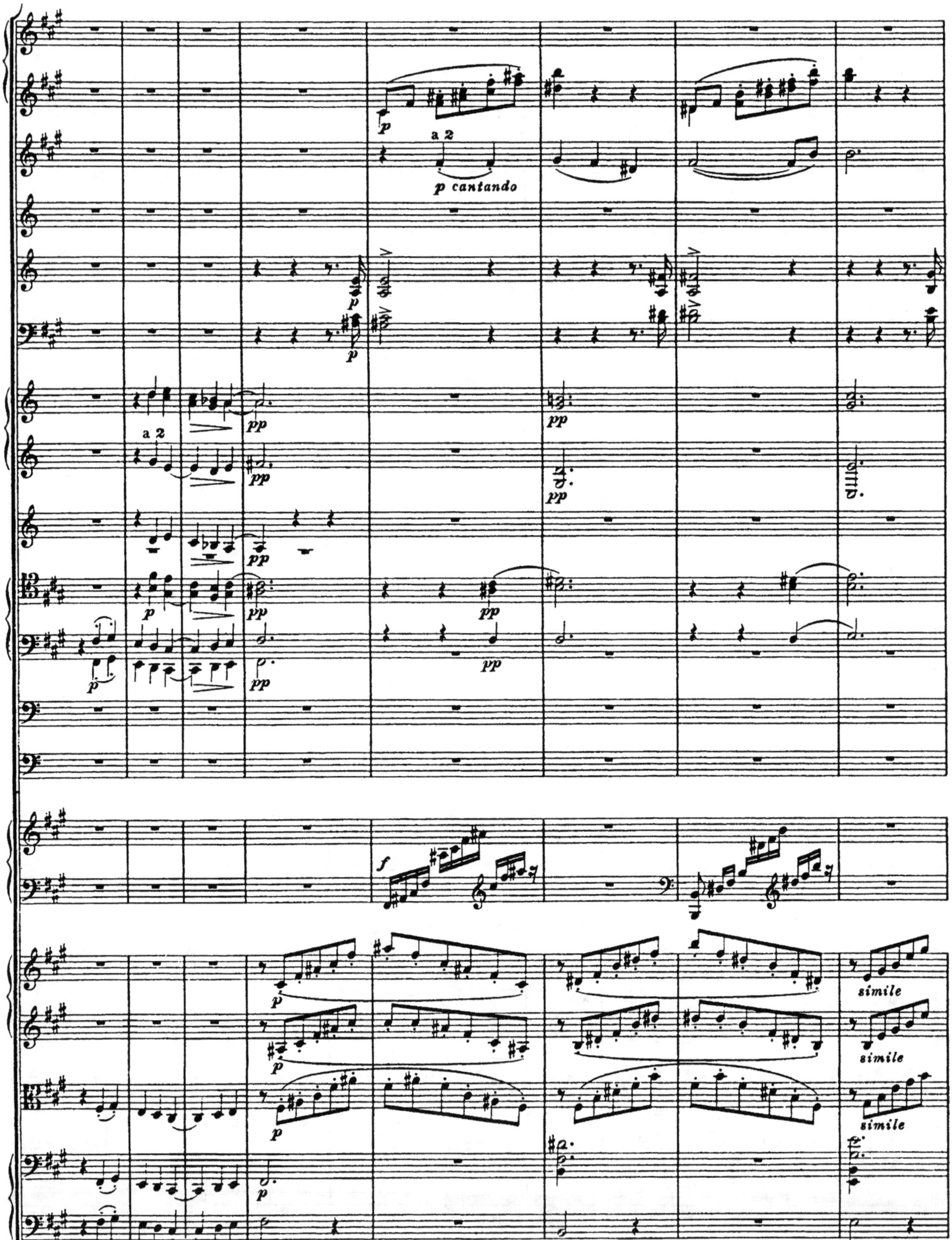
a 2
p cantando
a 2
simile
simile
simile

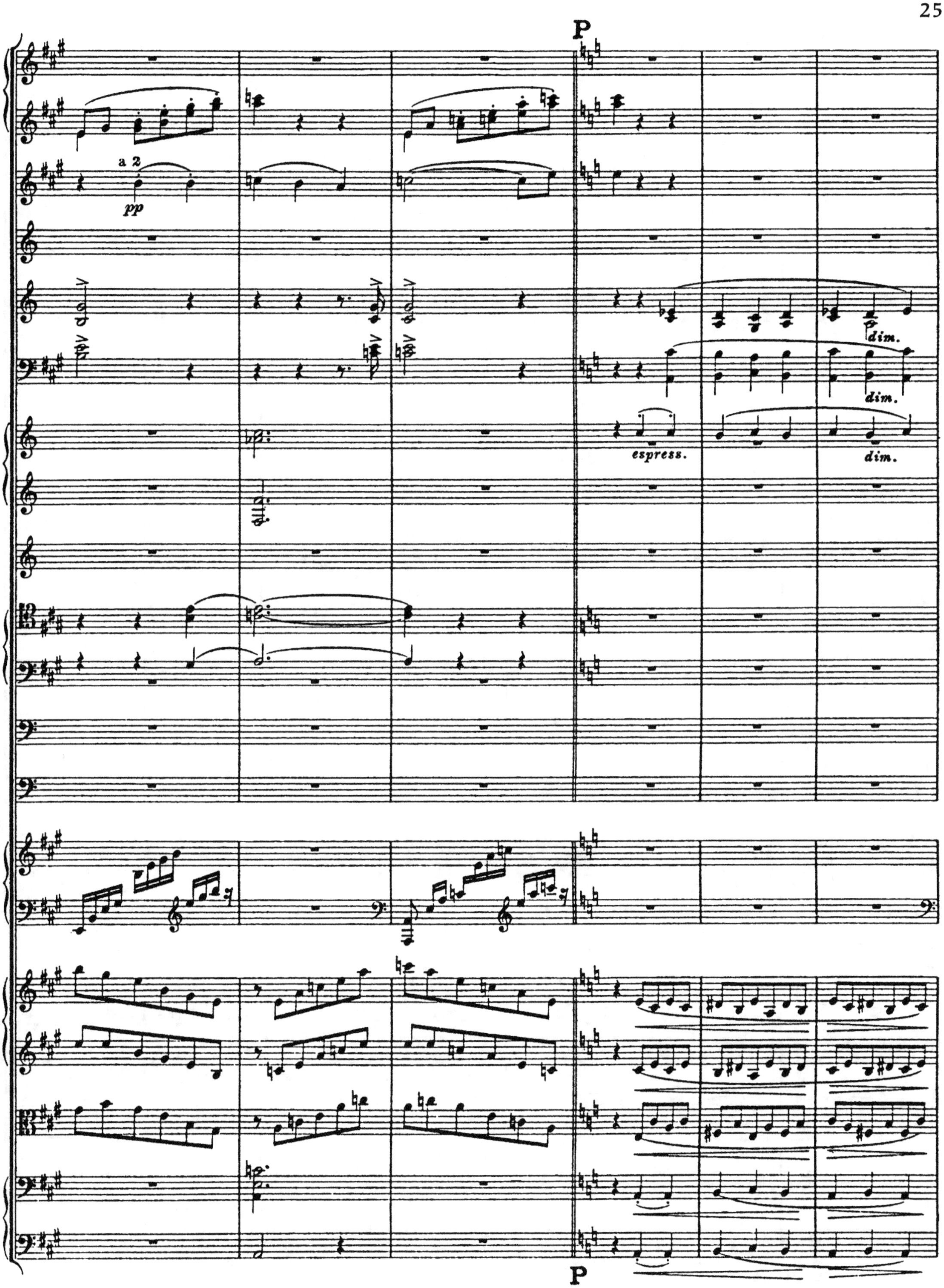
P
a 2
pp
espress.
dim.
dim.
dim.
P

poco a poco accelerando, ma poco.

poco a poco accelerando, ma poco.

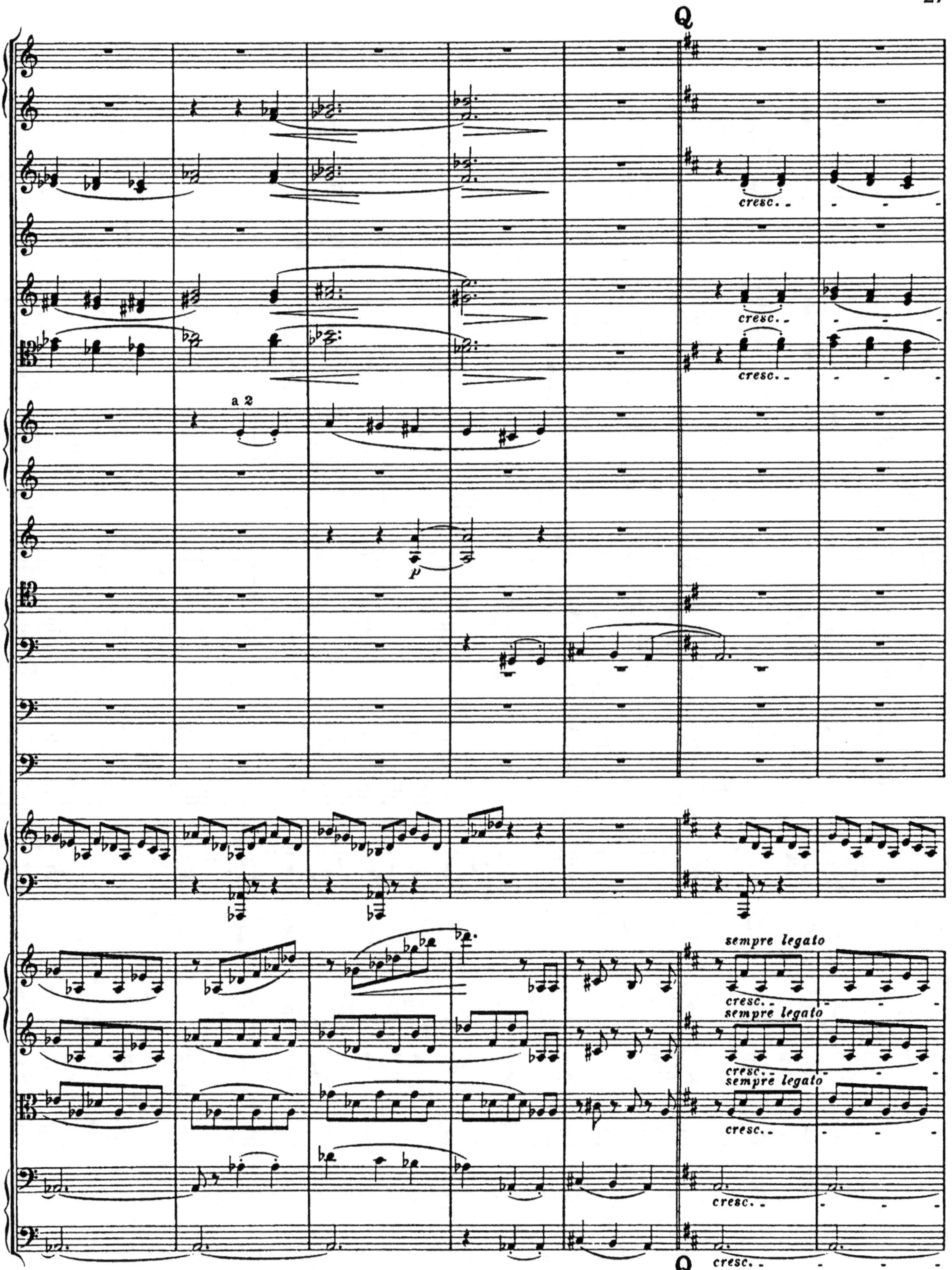
Q
a 2
p
cresc.
sempre legato
Q

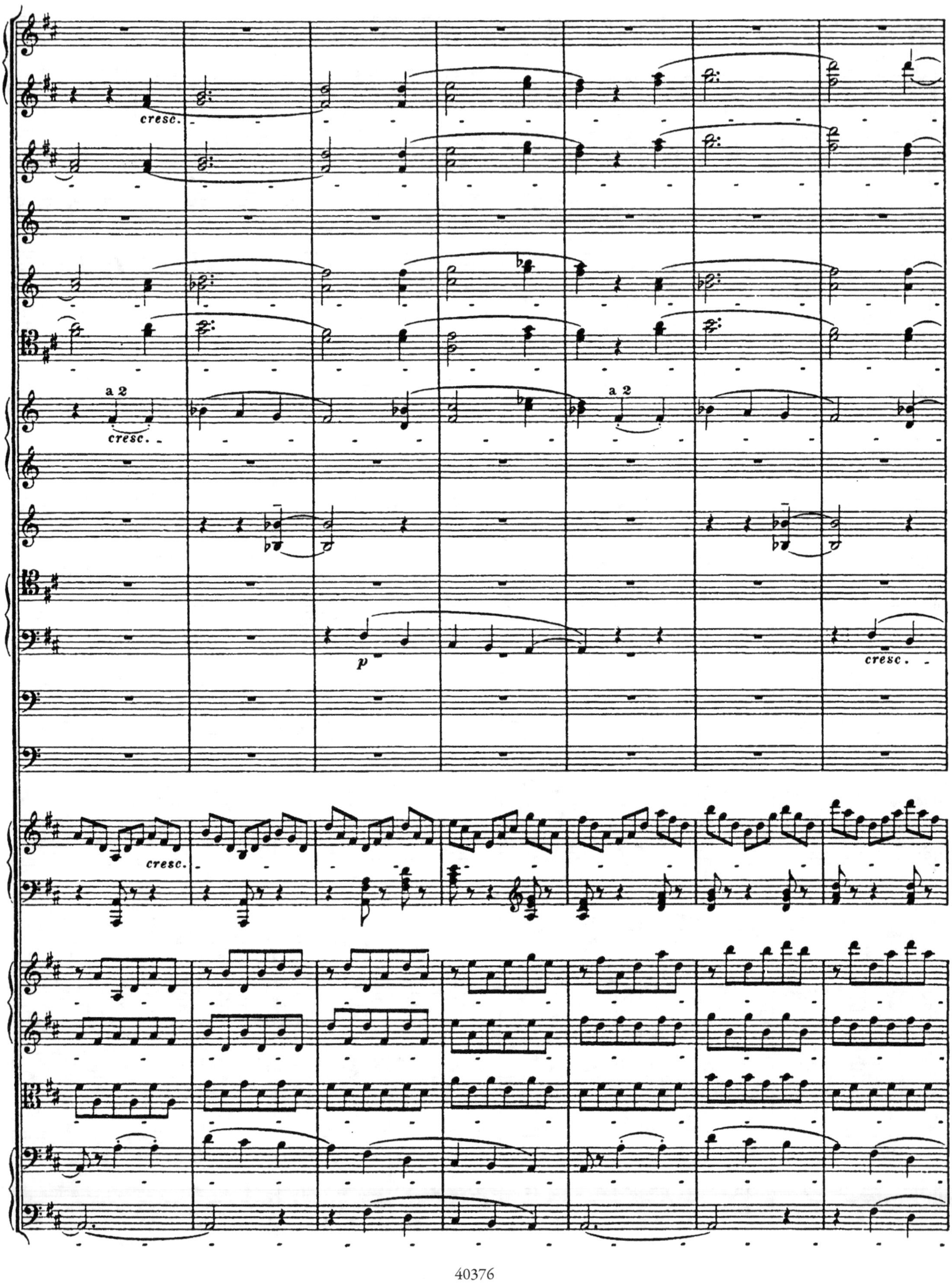
cresc.
a 2
cresc.
a 2
p
cresc.
cresc.

R
più cresc.
a 2
p sotto voce
Trompeten und Posaunen nicht zu stark.
Trombe e Tromboni non troppo forte.
p sotto voce
sotto voce
più cresc.
simile
R

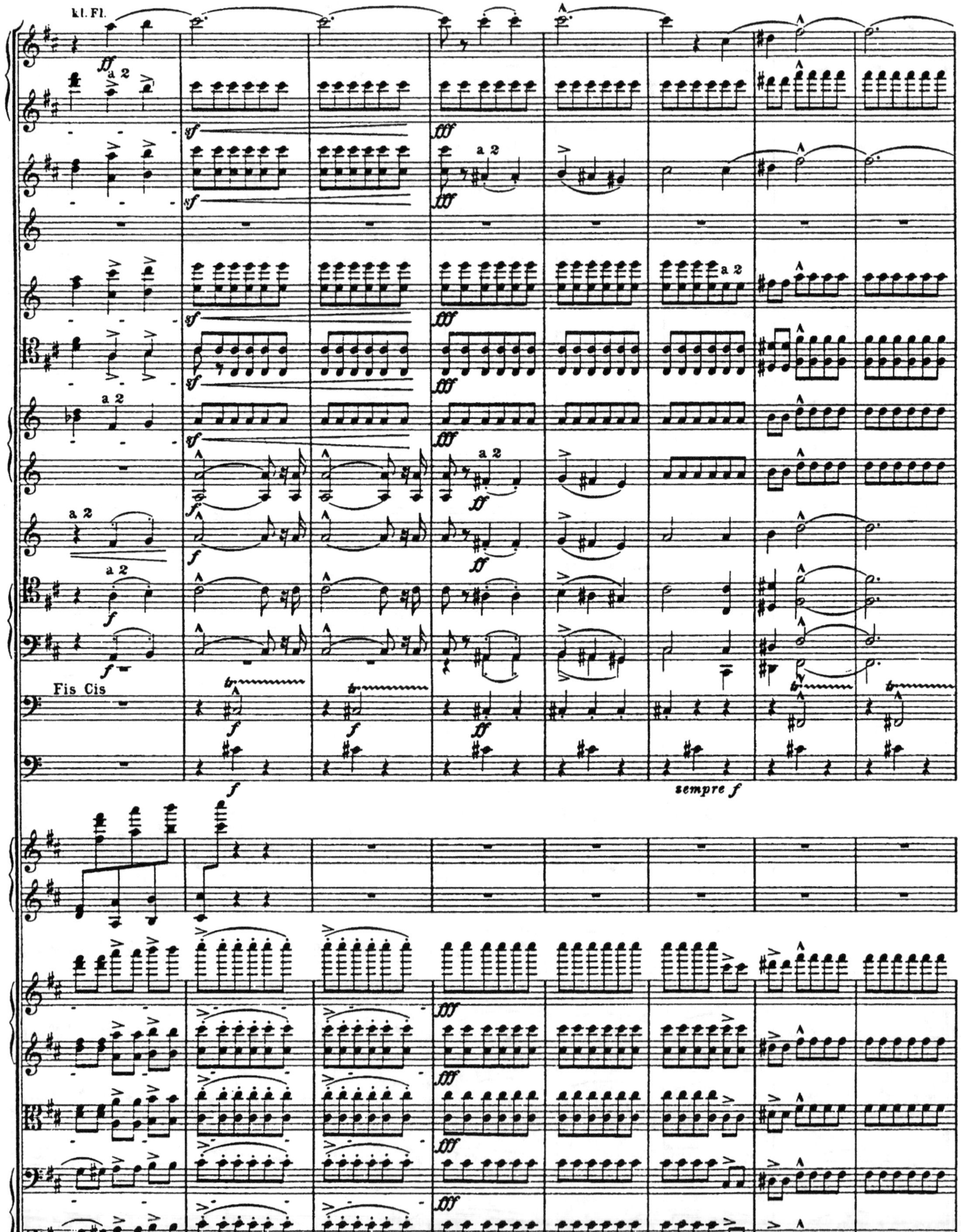
kl. Fl.
a 2
Fis Cis
sempre f

S
a 2
a 2
mf espress.
mf espress.
a 2
mf espress.
a 2
mf espress.
a 2
mf espress.
a 2
a 2
sf
sf
sf
sf
tr
tr
Muta Fis in F.
dim.
dim.
sf
sf
sf
sf
sf
S

Fl.
Hob.
a 2
Engl. H.
Klar.
Fag. a 2
1. u. 2. Horn.
dimin.
schwebend. quasi alato.
divisi
poco a poco riten.
T
a 2
mf
pizz.
arco

Als Faust im Finstern wieder steht allein:
Da faßt er fest und wild sein treues Roß,
Und drückt das Antlitz tief in seine Mähnen
Und weint an seinem Halse heiße Tränen
Wie er noch nie so bitter sie vergoß.

34

40376

a 2
W
ff heftig weinend. con strazio.
dimin.
a 2
mf dolente
rinf. molto
fff heftig weinend. con strazio.
W

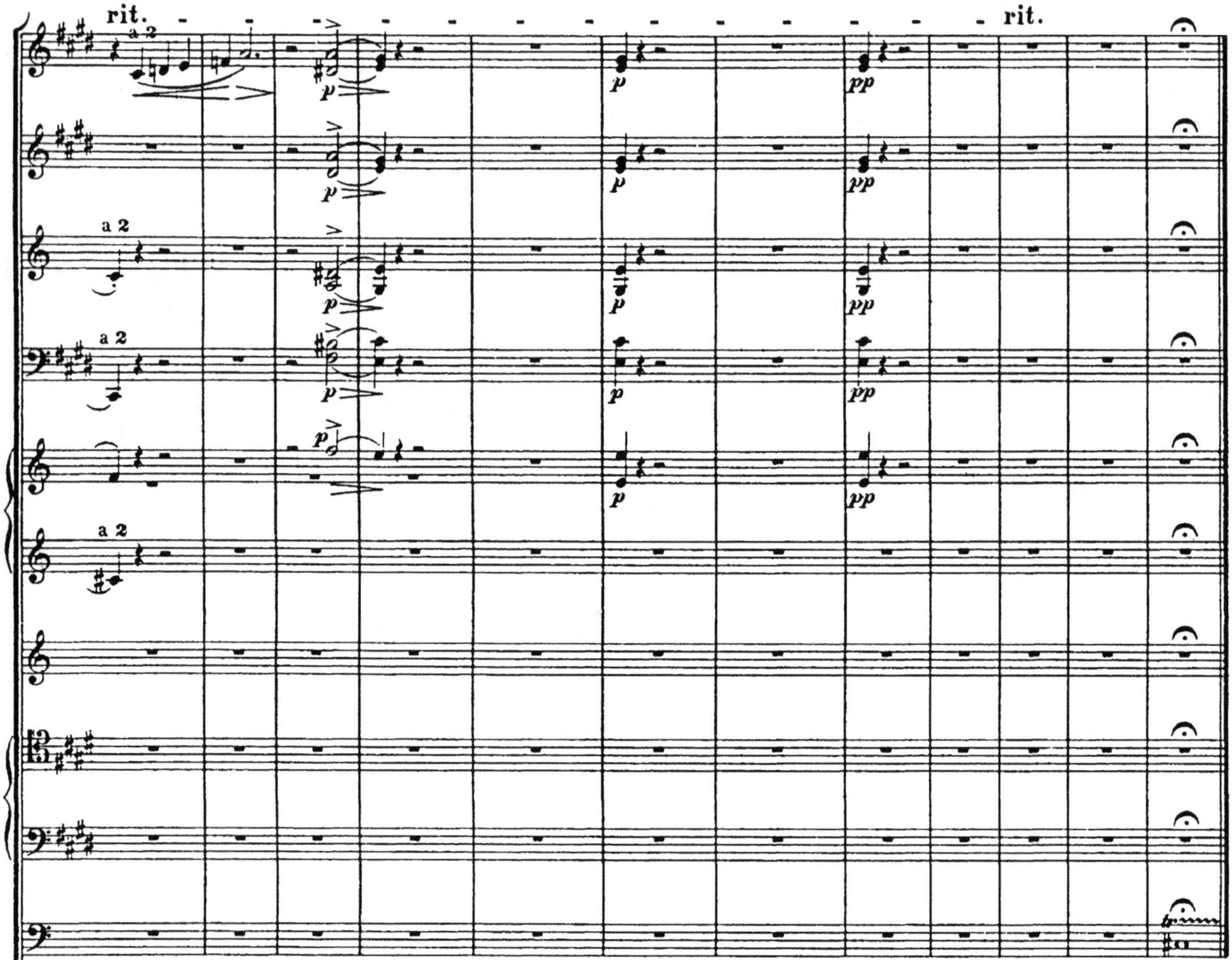
rit.
a 2
a 2
a 2
p
pp
p
a 2
f
p perdendo
rit.
rit.

DER TANZ IN DER DORFSCHENKE

HOCHZEIT, MUSIK UND TANZ

MEPHISTOPHELES

(als Jäger zum Fenster herein.)

Da drinnen geht es lustig zu;
Da sind wir auch dabei. Juchhu!

(Mit Faust eintretend.)

So eine Dirne lustentbrannt
Schmeckt besser als ein Foliant.

FAUST

Ich weiß nicht wie mir da geschieht,
Wie mich's an allen Sinnen zieht.
So kochte niemals noch mein Blut,
Mir ist ganz wunderlich zu Mut.

MEPHISTOPHELES

Dein heißes Auge blitzt es klar;
Es ist der Lüste tolle Schar,
Die eingesperrt dein Narrendünkel,
Sie brechen los aus jedem Winkel.
Fang eine dir zum Tanz heraus
Und stürze keck dich ins Gebraus!

FAUST

Die mit den schwarzen Augen dort
Reißt mir die ganze Seele fort.
Ihr Aug' mit lockender Gewalt
Ein' Abgrund tiefer Wonne strahlt.
Wie diese roten Wangen glüh'n,
Ein volles, frisches Leben sprüh'n!
's muß unermeßlich süße Lust sein,
An diese Lippen sich zu schließen,
Die schmachtend schwellen, dem Bewußtsein
Zwei wollustweiche Sterbekissen.
Wie diese Brüste ringend bangen
In selig flutendem Verlangen!
Um diesen Leib, den üppig schlanken,
Möcht' ich entzückt herum mich ranken.
Ha! wie die langen schwarzen Locken
Voll Ungeduld den Zwang besiegen
Und um den Hals geschwungen fliegen,
Der Wollust rasche Sturmesglocken!
Ich werde rasend, ich verschmachte,
Wenn länger ich das Weib betrachte;
Und doch versagt mir der Entschluß,
Sie anzugehn mit meinem Gruß.

MEPHISTOPHELES

Ein wunderlich Geschlecht fürwahr,
Die Brut vom ersten Sündenpaar!
Der mit der Höll' es hat gewagt,
Vor einem Weiblein jetzt verzagt,
Das viel zwar hat an Leibeszierden,
Doch zehnmal mehr noch an Begierden.

(Zu den Spielleuten.)

Ihr lieben Leutchen, euer Bogen
Ist viel zu schläfrig noch gezogen!
Nach eurem Walzer mag sich drehen
Die sieche Lust auf lahmen Zehen,
Doch Jugend nicht voll Blut und Brand.
Reicht eine Geige mir zur Hand,
's wird geben gleich ein andres Klingen,
Und in der Schenk' ein andres Springen!

— — — — — — — — — — —

Der Spielmann dem Jäger die Fiedel reicht,
Der Jäger die Fiedel gewaltig streicht.
Bald wogen und schwinden die scherzenden Töne
Wie selig hinsterbendes Lustgestöhne,
Wie süßes Geplauder, so heimlich und sicher,
In schwülen Nächten verliebtes Gekicher.
Bald wieder ein Steigen und Fallen und Schwellen;
So schmiegen sich lüsterne Badeswellen
Um blühende nackte Mädchengestalt.
Jetzt gellend ein Schrei in's Gemurmel schallt:
Das Mädchen erschrickt, sie ruft nach Hilfe,
Der Bursche, der feurige, springt aus dem Schilfe.
Da hassen sich, fassen sich mächtig die Klänge,
Und kämpfen verschlungen im wirren Gedränge.
Die badende Jungfrau, die lange gerungen,
Wird endlich vom Mann zur Umarmung gezwungen.
Dort fleht ein Buhle, das Weib hat Erbarmen,
Man hört sie von seinen Küssen erwarmen.
Jetzt klingen im Dreigriff die lustigen Saiten,
Wie wenn um ein Mädel zwei Buben sich streiten;
Der eine, besiegte, verstummt allmählich,
Die liebenden Beiden umklammern sich selig,
Im Doppelgetön die verschmolzenen Stimmen
Aufrasend die Leiter der Lust erklimmen.
Und feuriger, brausender, stürmischer immer,
Wie Männergejauchze, Jungferngewimmer,
Erschallen der Geige verführende Weisen,
Und alle verschlingt ein bacchantisches Kreisen.
Wie Närrische die Geiger des Dorfs sich geberden!
Sie werfen ja sämtlich die Fiedel zu Erden.
Der zauberergriffene Wirbel bewegt,
Was irgend die Schenke Lebendiges hegt.
Mit bleichem Neide die dröhnenden Mauern,
Daß sie nicht mit tanzen können, bedauern.
Vor Allen aber der selige Faust
Mit seiner Brünette den Tanz hinbraust;
Er drückt ihr die Händchen, er stammelt Schwüre,
Und tanzt sie hinaus durch die offene Türe.
Sie tanzen durch Flur und Gartengänge,
Und hinterher jagen die Geigenklänge;
Sie tanzen taumelnd hinaus zum Wald,
Und leiser und leiser die Geige verhallt.
Die schwindenden Töne durchsäuseln die Bäume,
Wie lüsterne, schmeichelnde Liebesträume.
Da hebt den flötenden Wonneschall
Aus duftigen Büschen die Nachtigall,
Die heißer die Lust der Trunkenen schwellt,
Als wäre der Sänger vom Teufel bestellt.
Da zieht sie nieder die Sehnsucht schwer,
Und brausend verschlingt sie das Wonnemeer.

Lenau

38

2. Der Tanz in der Dorfschenke
(Mephisto–Walzer)

Franz Liszt (1811-1886)

Hob.
Klar.
Fag.
1. u. 2. Hr.
a 2
mf cresc.
cresc.
f
arco
dim.
p
p leggiero
pizz.
p scherzando
A
1.
2.

Fl.
Hob.
Klar.
Fag.
poco a poco cresc.
acceler.
a 2
B
ff marc.
Hr.
scharf
strongly accent.
très accentué
1. u. 2. Pos.
3. Pos. u. Tuba.
arco
più cresc.
marc.

C
Kl. Fl.
Fl.
Hob.
a 2
ff
Klar.
Fag.
a 2
ff
a 2
Hr.
f
f
p
p
Tr.
mf
1. u. 2. Pos.
mf
3. Pos. u. Tuba.
mf
Pk.
p
Becken.
2 3 4 1 2 3 4 1 2 3 4 1 2 3 4
f
C

Un poco moderato il tempo.

Un poco moderato il tempo.

N3. Das Thema in den Bratschen und Violoncellen sehr scharf markiert.
The theme is to be very sharply accentuated in the violas and cellos.
Le thème aux altos et aux violoncelles très en dehors.
A hegedük és a mély hegedük a témát nagyon élesen hangsúlyozzák.

a 2
sf scharf. strongly accentuated.
très accentué. éles hangsúllyal.
a 2
sf scharf. strongly accentuated.
très accentué. éles hangsúllyal.
cresc.
3
4
cresc.
cresc.
cresc.
cresc.

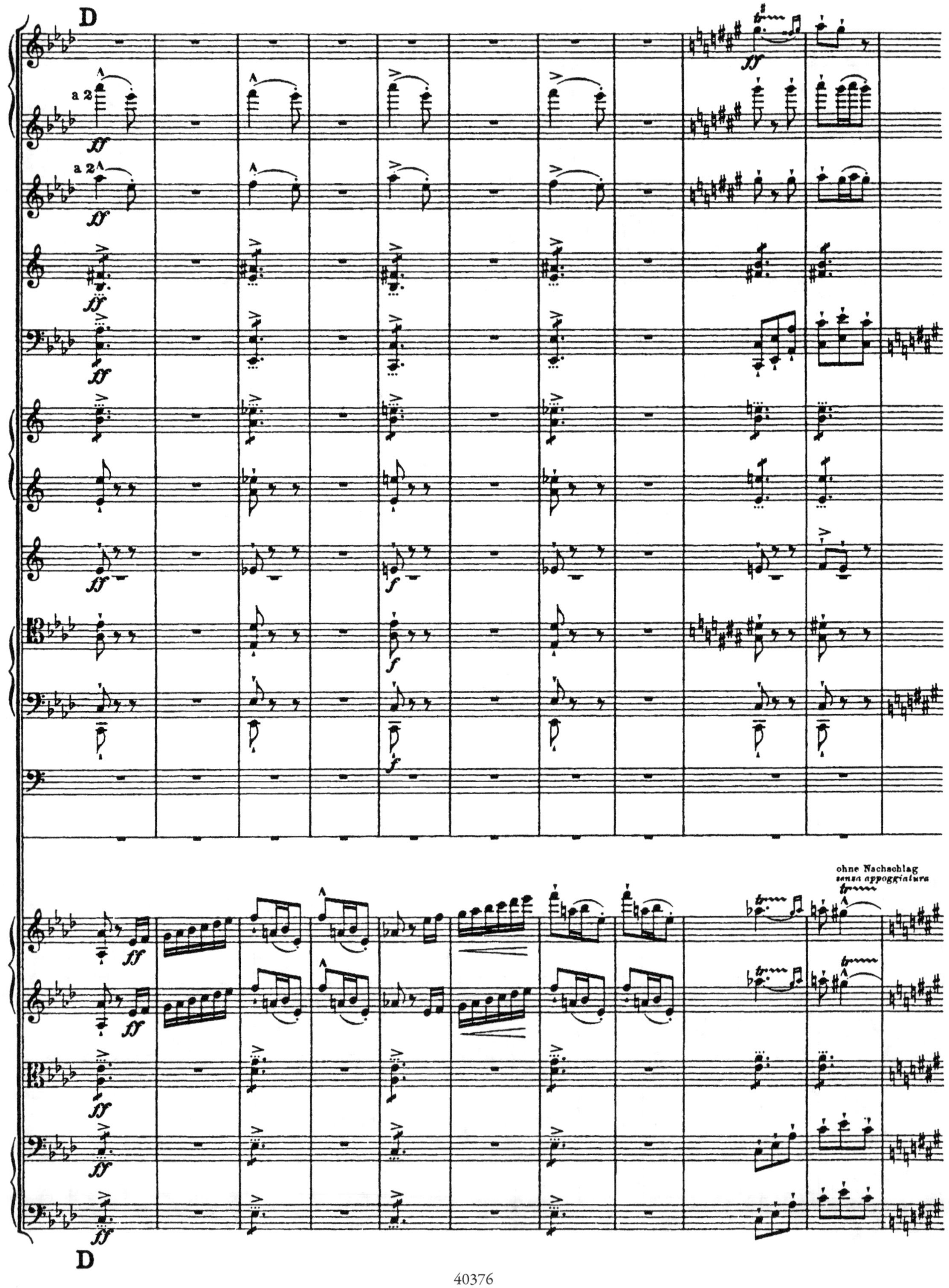
D
a 2
a 2
ohne Nachschlag
senza appoggiatura
D

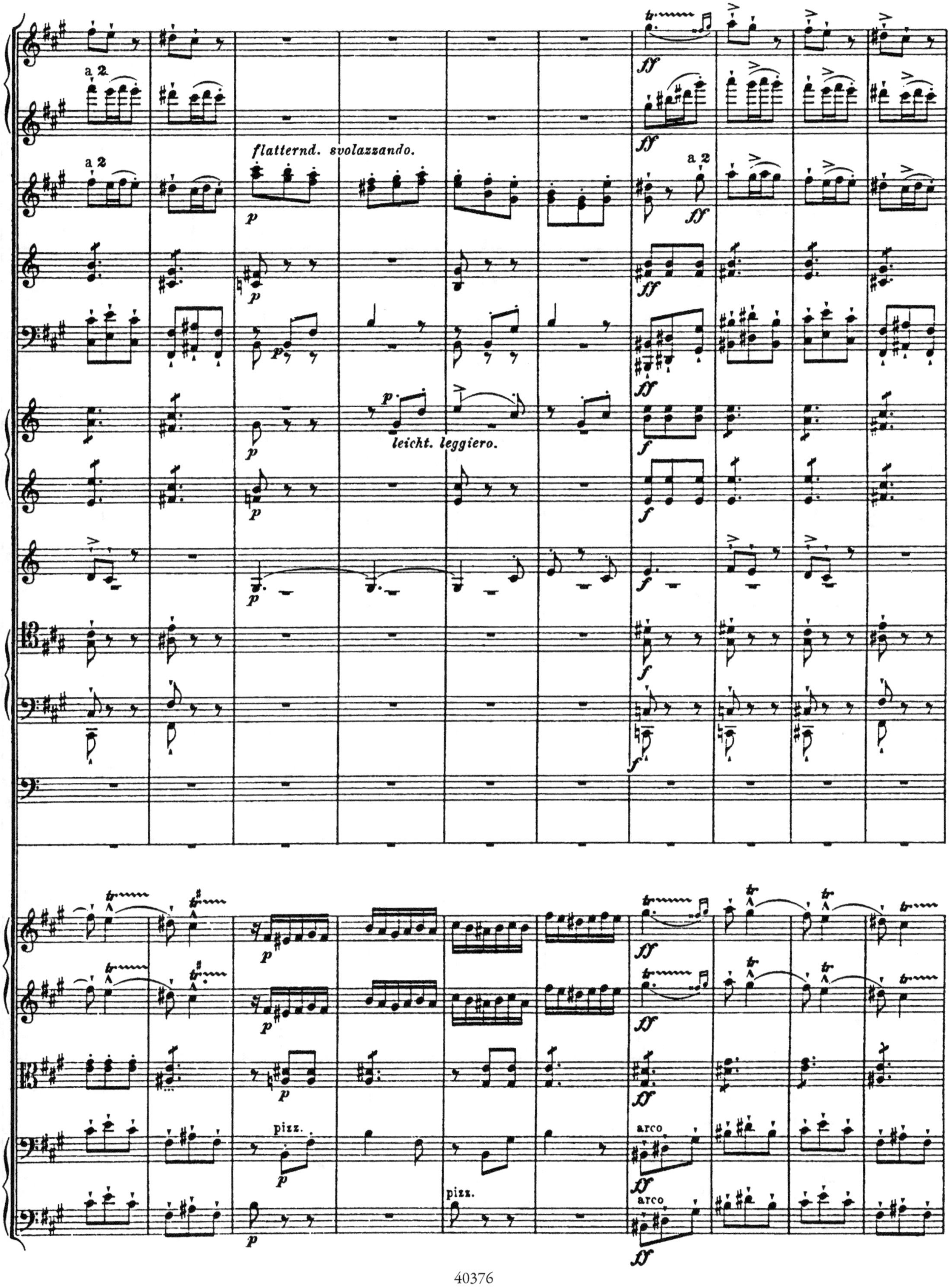
a 2
a 2
flatternd. svolazzando.
leicht. leggiero.
pizz.
arco

E
p flatternd. svolazzando.
a 2
p
flatternd. svolazzando.
a 2
p
p
pp
p
p
pizz.
p marcato
pizz.
arco
E

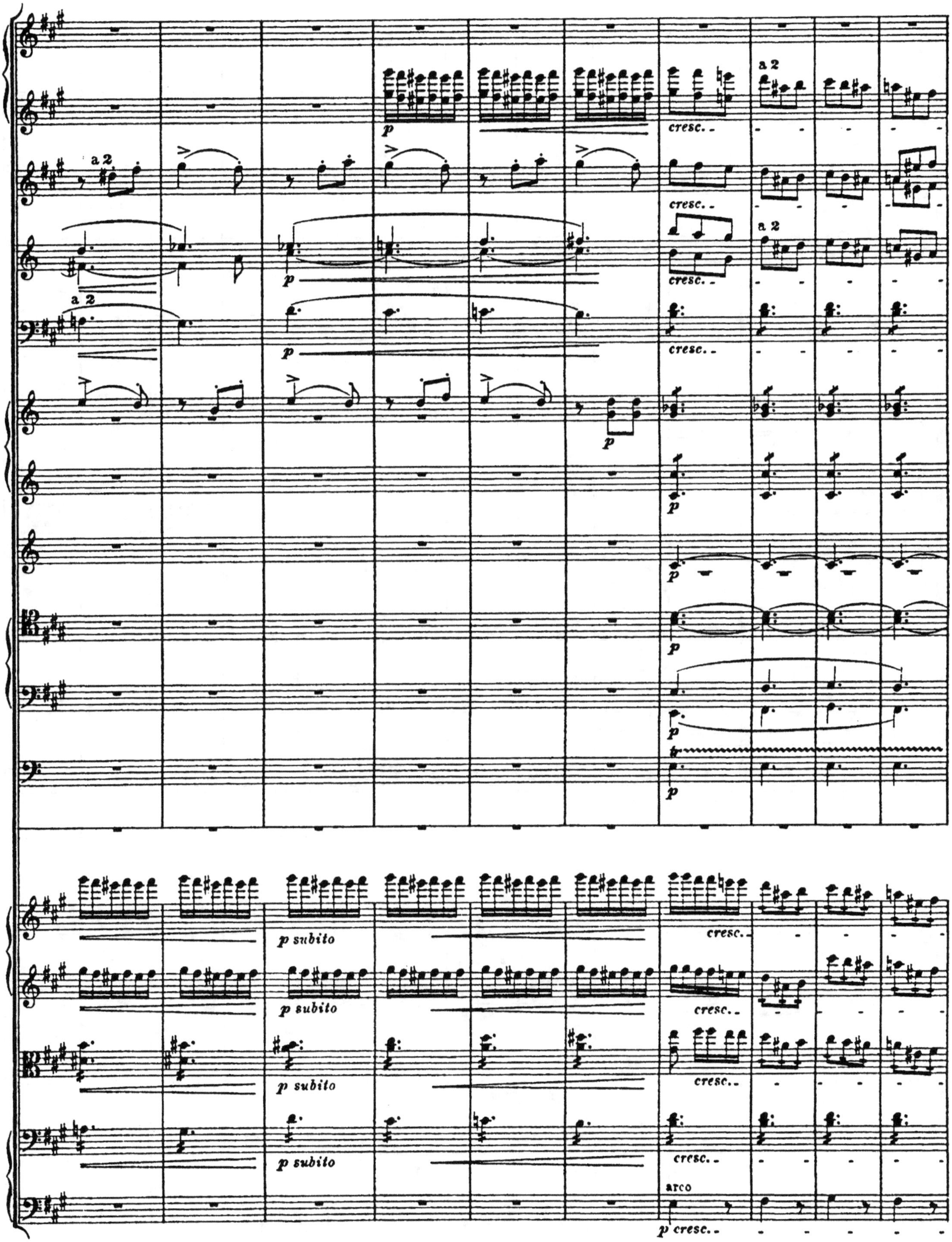
a 2
p
cresc.
p subito
arco

a 2
a 2
a 2
a 2
f marcato
a 2
f marcato
a 2
f marcato
f scharf
strongly accentuated
très accentué
scharf
strongly accent.
très accentué
tr
più cresc.
più cresc.
più cresc.
più cresc.
più cresc.

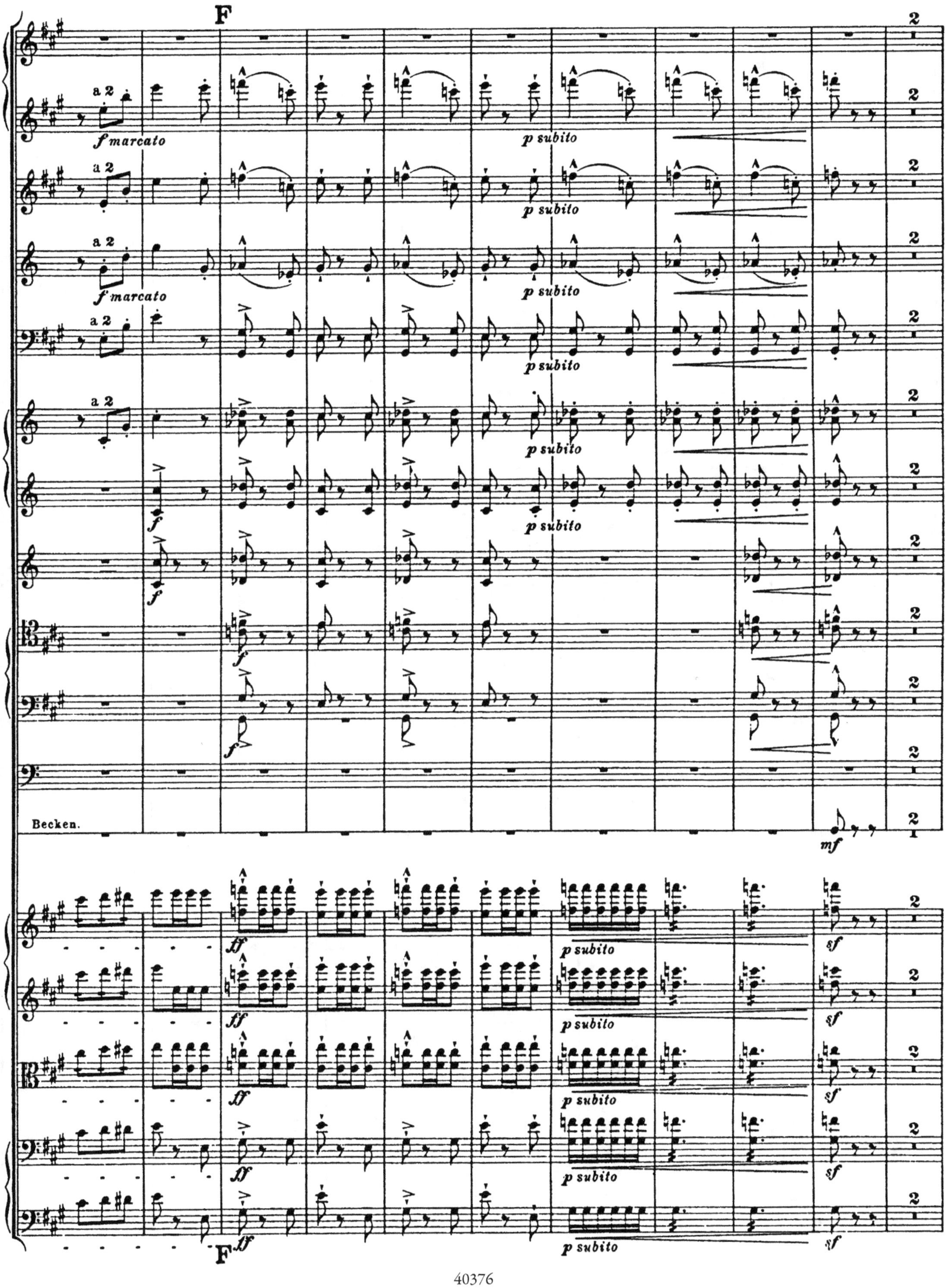
F
a 2
f marcato
p subito
f
Becken.
mf
ff
sf
F

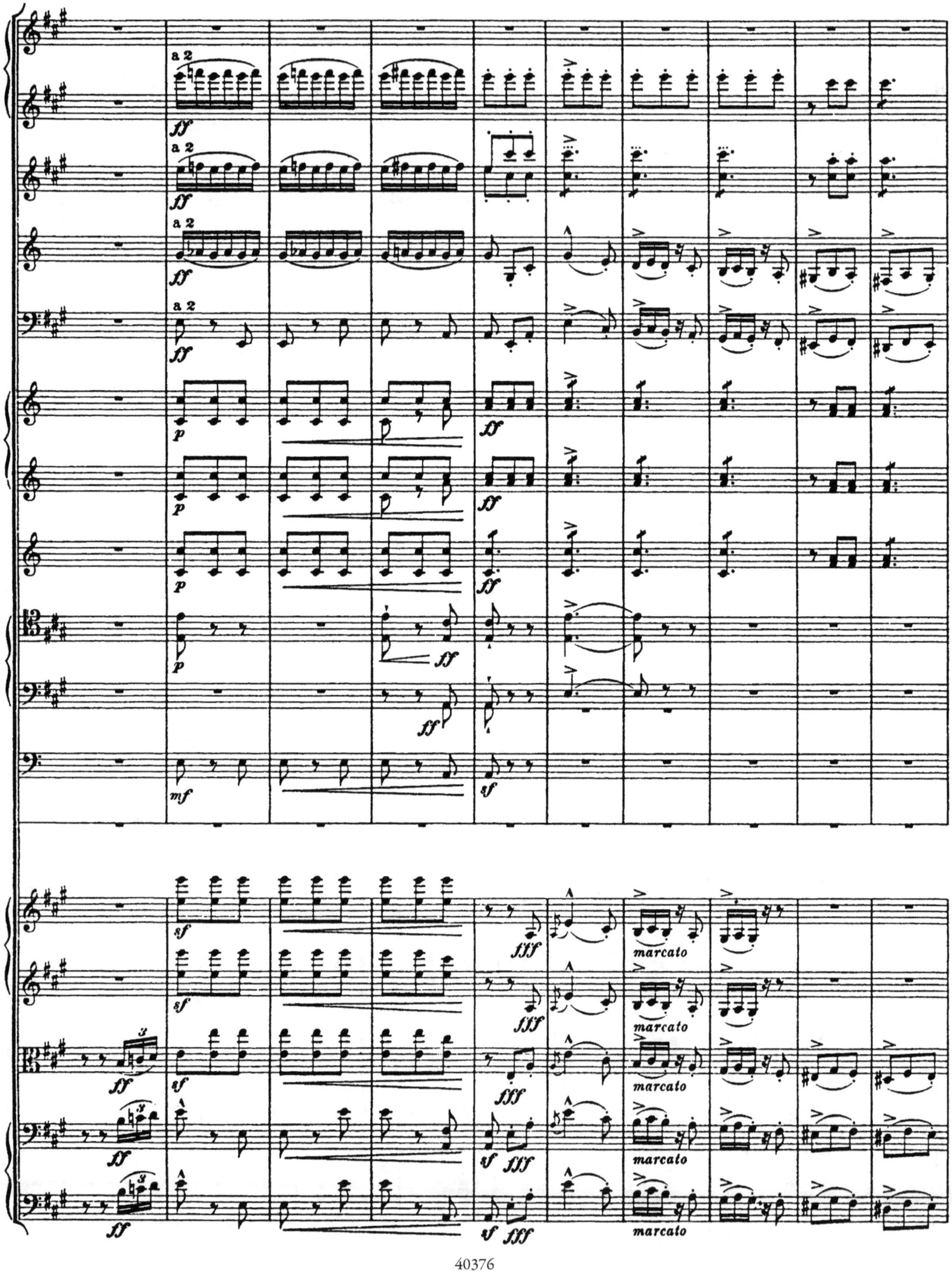

ff
sf
a 2
a 2
sf
rinforz.
rinforz.
rinforz.
rinforz.
rinforz.
rinforz.
rinforz.
rinforz.
rinforz.
rinforz.

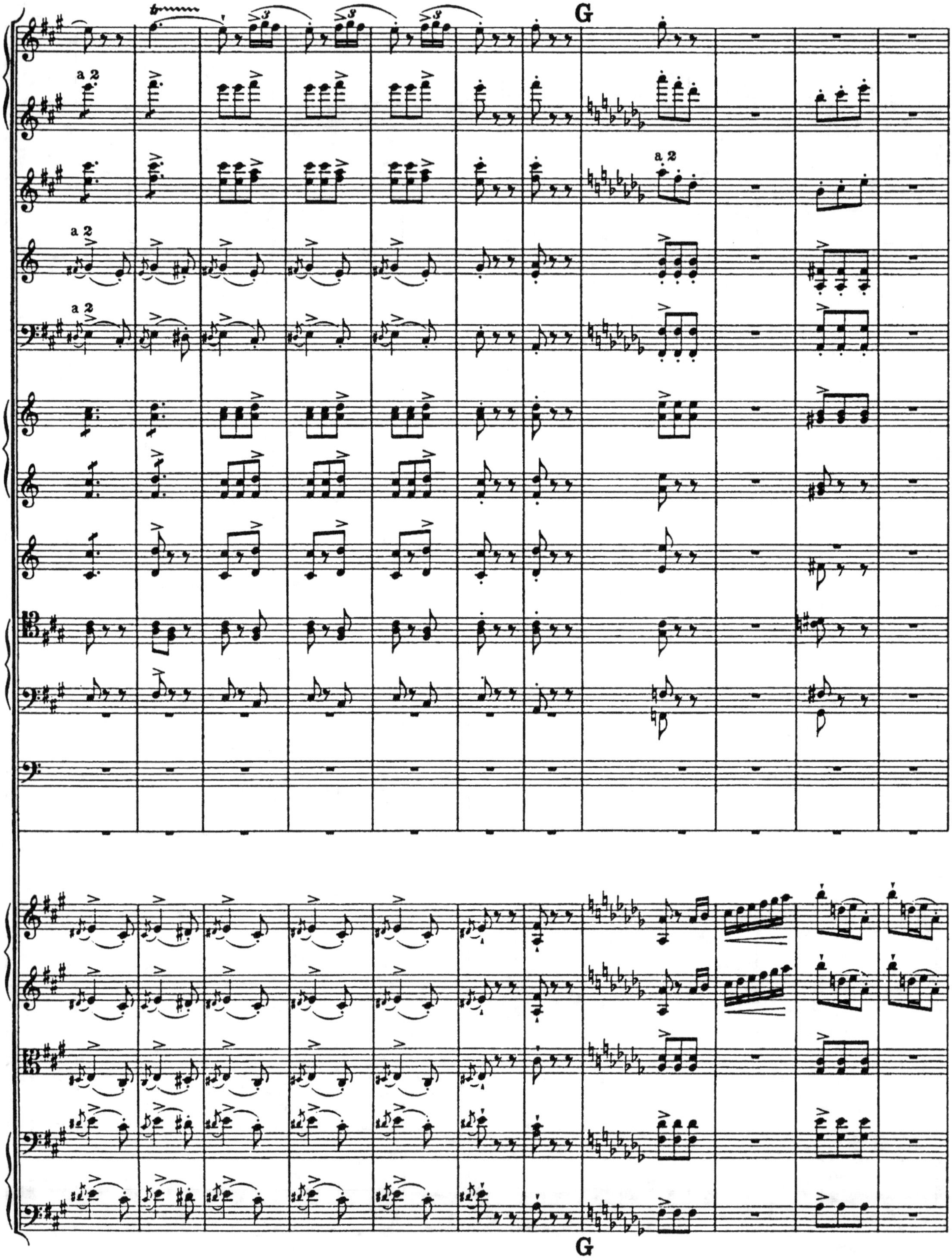
G
a 2
a 2
a 2
a 2
G

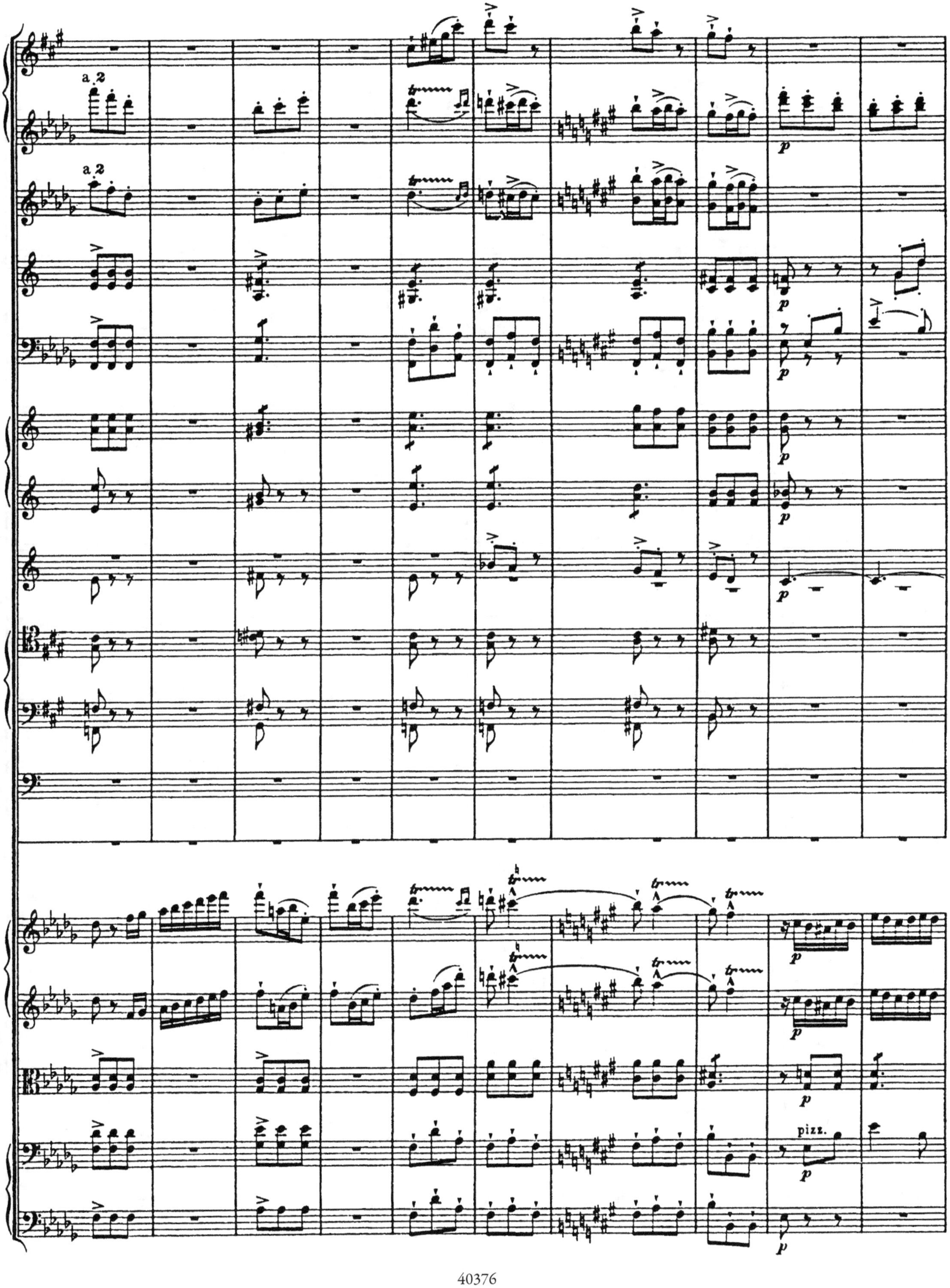
a 2
a 2
p
pizz.

H
a 2
ff
p flatternd. svolazzando.
p
a 2
p leicht. leggiero.
arco
pizz.
p marcato
H

a 2
p ma marcato
p
a 2
p
p
p subito
p
p subito
p
p subito
arco
p
p subito

I
ff
a 2
cresc.
cresc.
a 2
cresc.
cresc.
cresc.
cresc.
più cresc.
più cresc.
più cresc.
più cresc.
arco
più cresc.
I

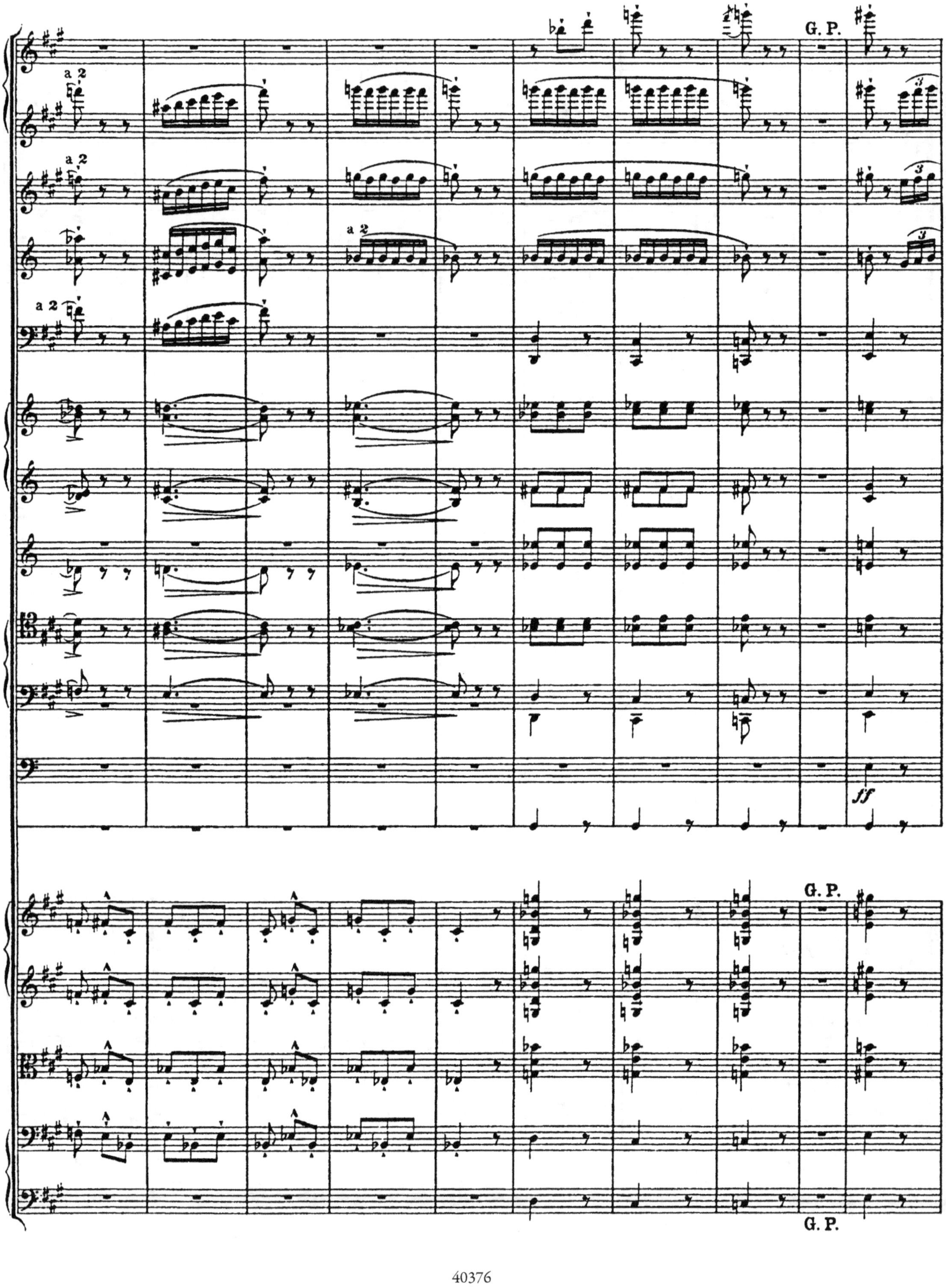
a 2
a 2
a 2
a 2
G. P.
3
ff
G. P.
G. P.

J
a 2
a 2
a 2
sf
sempre f
sempre f
sempre f
sempre f
sf
sf
sempre f
rinforz.
sempre f
rinforz.
sempre f
rinforz.
sempre f
rinforz.
rinforz.
J

K NB. Bei großen Aufführungen 4 oder 6 Violoncelle.
For important performances 4 or 6 violoncellos.
Pour grandes exécutions 4 ou 6 violoncelles.
Nagyszabású elöadás alkalmával 4 vagy 6 gordonka.

Klar. in B
Un poco meno mosso; ma poco.
Fag.
div.
p dolce
p dolce
dolce
(espress. amoroso)
Un poco meno mosso; ma poco.
L
L

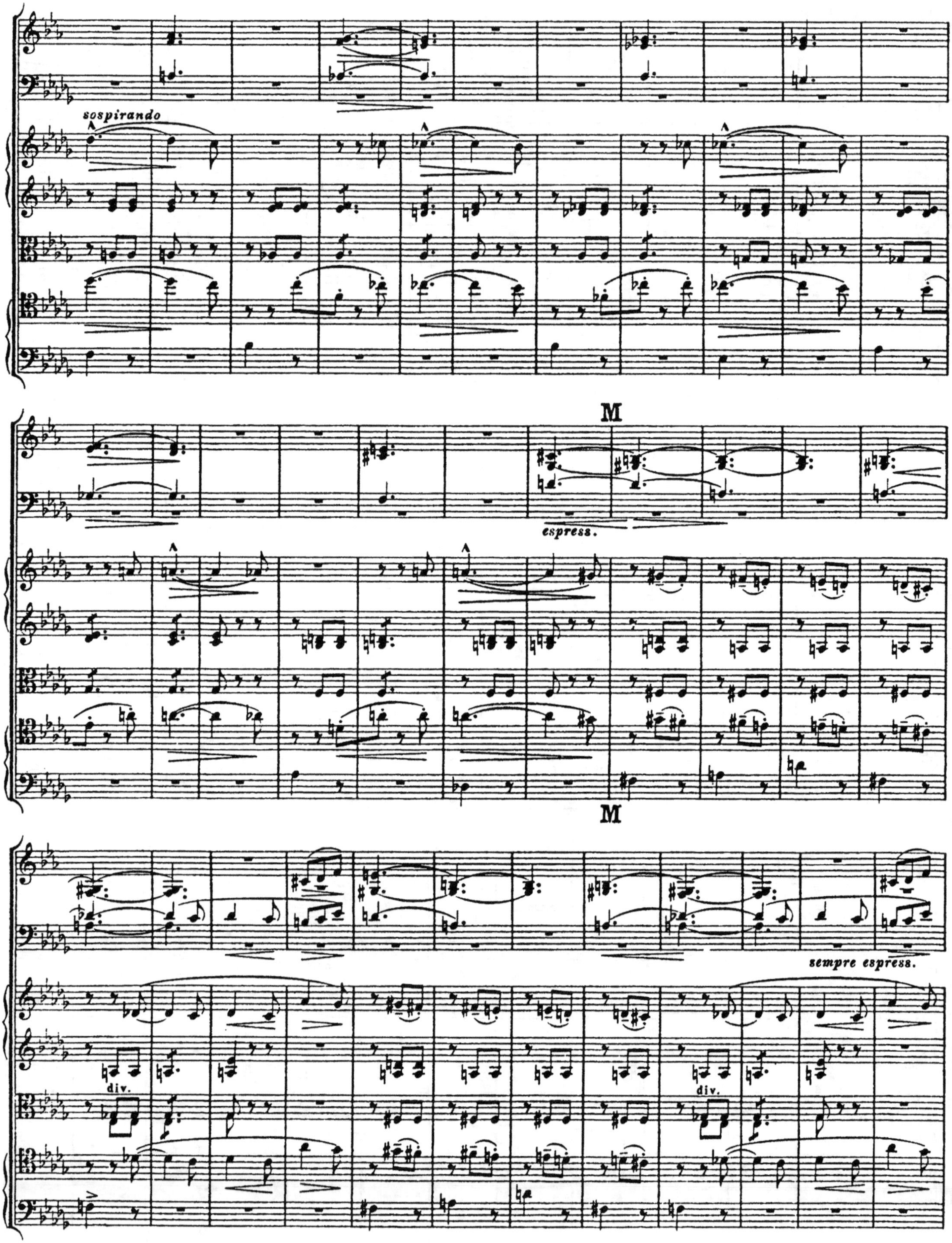
sospirando
M
espress.
M
div.
sempre espress.
div.

flatternd. svolazzando.
Fl.
stacc.
Hob.
p
Klar.
Fag.
Hr. in E.
dolce espress.
Harfe.
f
1. Vl.
poco a poco più appassionato
2. Vl.
p
Br.
p
Vcl.
poco a poco più appassionato
Kb.
flatternd. svolazzando.
stacc.
N
f
N

64

40376

Klar.
a 2
Fag.
a 2
Hr.
p smorz.
1. Viol. Solo.
perdendosi
Vivace fantastico.
3 Fl.
sempre p
1. Vl.
div.
pizz.
2. Vl.
Br.
Vel. u. Kb.
Vivace fantastico.
3 Fl.
1. u. 2. Fl.
Klar.

1. u. 2. Fl.
Klar.
pp
P
arco
pizz.
p
Vcl.
Hob.
p amoroso
sempre pp
Fl.
Un poco meno mosso e rubato.
amoroso
Fag.
Solo
ohne Nachschlag
senza appoggiatura
grazioso
p sempre
Un poco meno mosso e rubato.

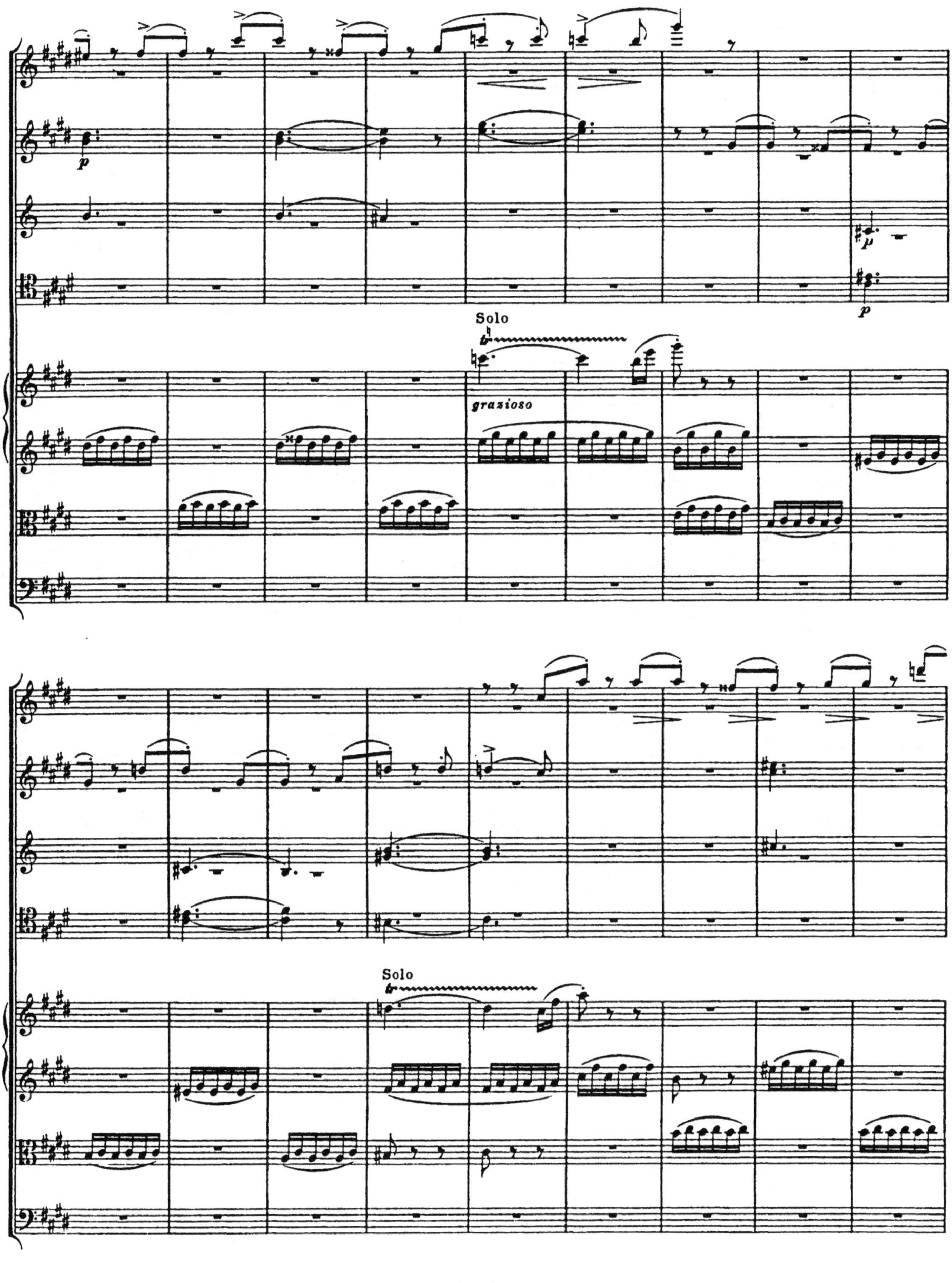
p
p
p
Solo
tr
grazioso
Solo
tr

68

R Vivace fantastico.
3 Fl.
sempre p
1. u. 2. Fl.
Klar.
pp
Harfe.
f
sempre p. e leggiero
p e leggiero
R Vivace fantastico.
1. u. 2. Fl.
Klar.
scherzando
p sempre
pizz.

Klar.
S
S
Hob.
dolce languido
Klar.
languido
pp
pp
pizz.
p
Vcl.
pizz.
p
Kb.
pizz.
p
Fl.
p poco espress.
dim. smorz.
Hob.
p poco espress.
dim. smorz.
Klar.
p
p dolce
p dolce
pizz.
arco
p dolce
pizz.
pizz.

T

sehr ruhig, aber immer in demselben schnellen Tempo.
very quietly, but always in the same quick time.
très calme, mais toujours dans le même mouvement rapide.
nagyon nyugodtan, de mindig ugyanolyan gyors tempóban.

kl. Fl.

p espr.

Fl.

Hob.   *p espr.*

p espr.

Klar.

Fag.   *dolce*

p dolce

p   espress.

Hr. in F.

Das crescendo und decrescendo nur im 2. Horn.
The crescendo and decrescendo only in the 2nd horn.
Le crescendo et le decrescendo ne concernent que le 2ème cor.
A crescendo és decrescendo csak a 2. kürtben.

Tr. in F.   *p dolce*

dolciss. espress.

1. u. 2. Pos.

3. Pos. u. Tuba.

pp

Pk.

Becken mit Paukenschlägel.   *Cymbals with drumsticks.*
Cymbales avec des baguettes.   *A réztányért üstdobverővel.*

piano, präcis und vibrierend
piano, precise and vibrating
piano, avec précision, laissez vibrer
halkan, pontos ritmusban és rezegtetve

Harfe.   *mf*

1   2   3   4   1   2   3   4

dolcissimo, tremolando ma tranquillo assai

dolcissimo, tremolando ma tranquillo assai

dolcissimo, tremolando ma tranquillo assai

pizz.

tranquillo
pizz.

T

sehr ruhig, aber immer in demselben schnellen Tempo.
very quietly, but always in the same quick time.
très calme, mais toujours dans le même mouvement rapide.
nagyon nyugodtan, de mindig ugyanolyan gyors tempóban.

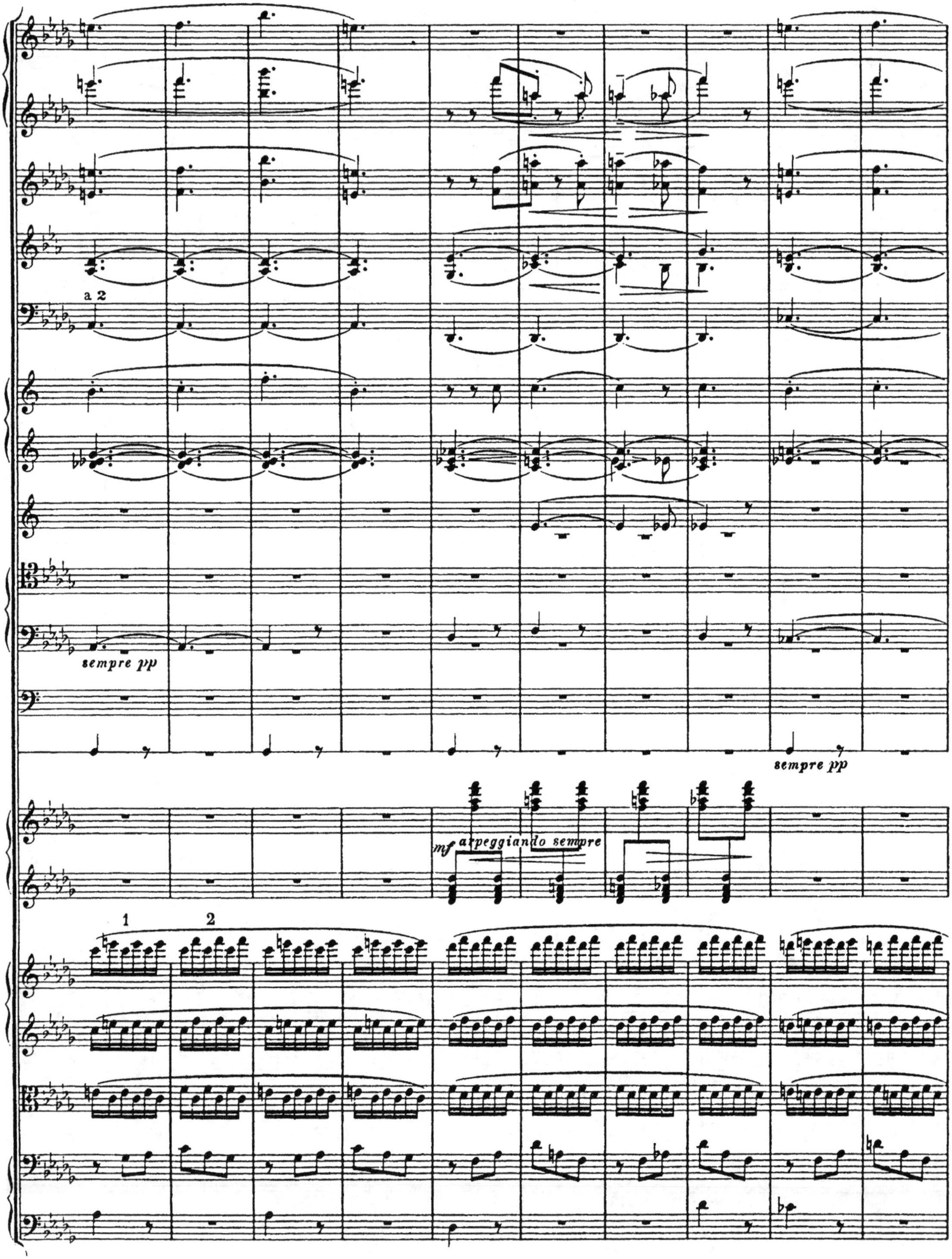
a 2
sempre pp
sempre pp
mf arpeggiando sempre
1
2

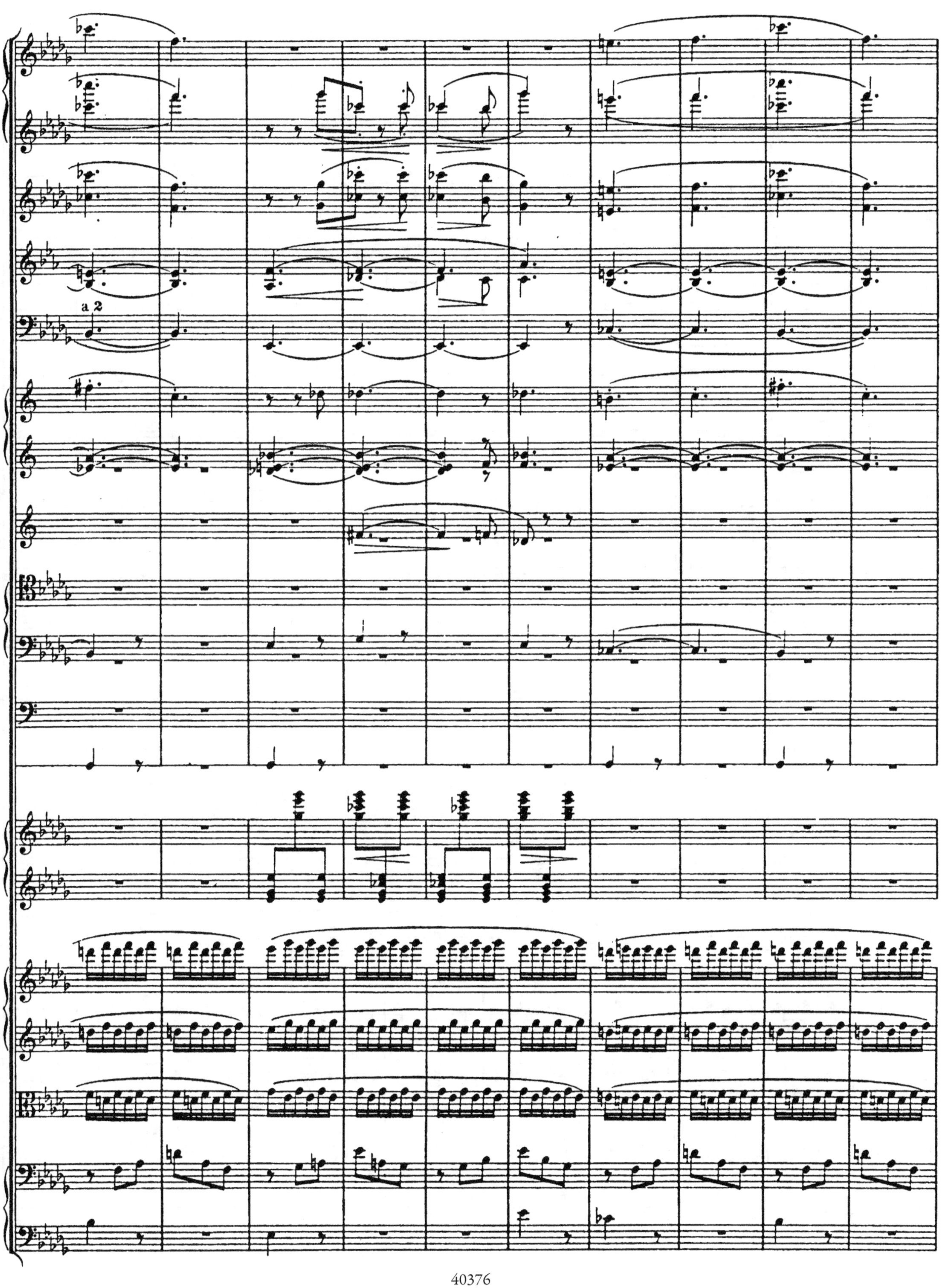
a 2

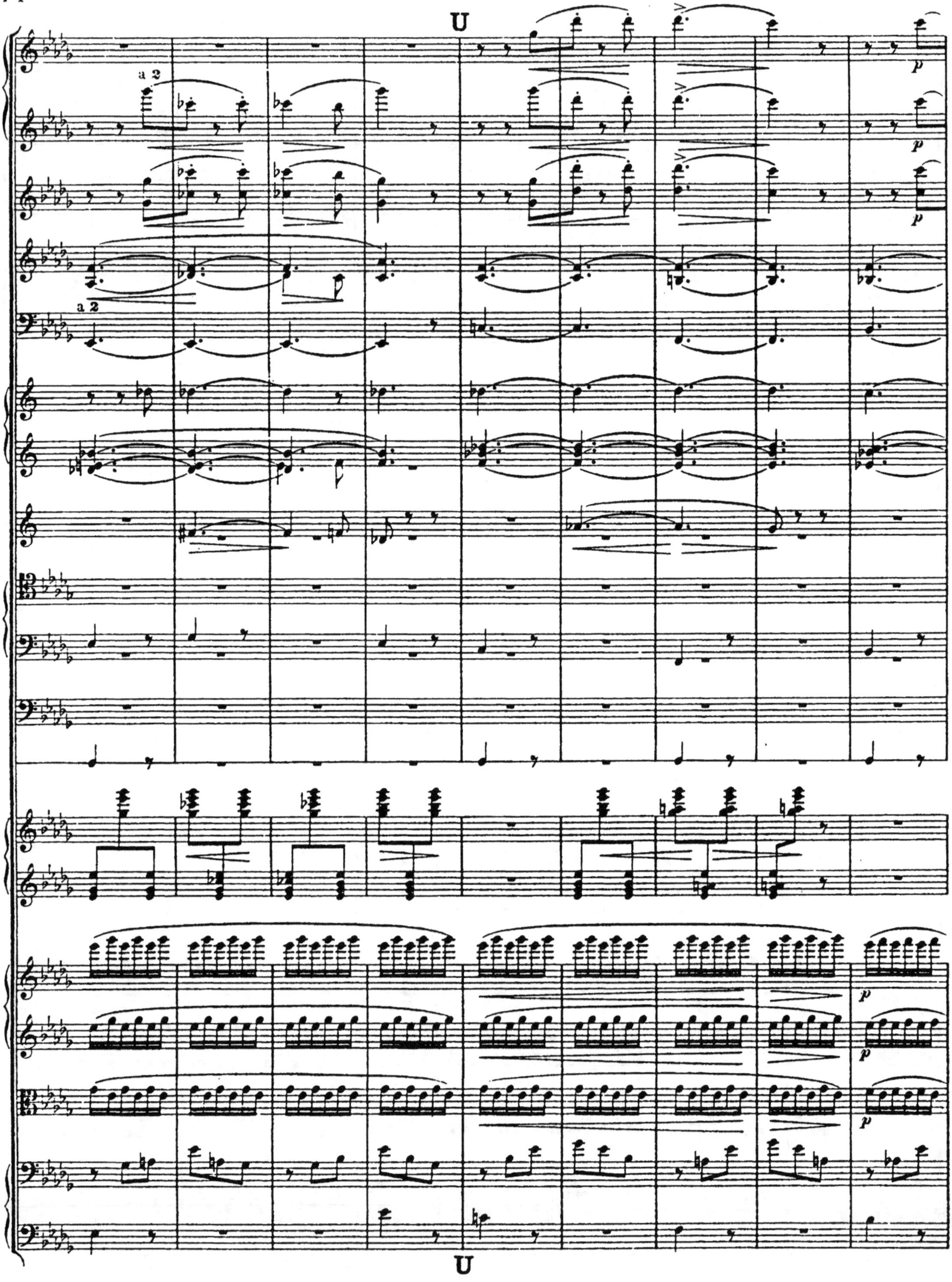
U
a 2
a 2
p
p
p
p
p
p
U

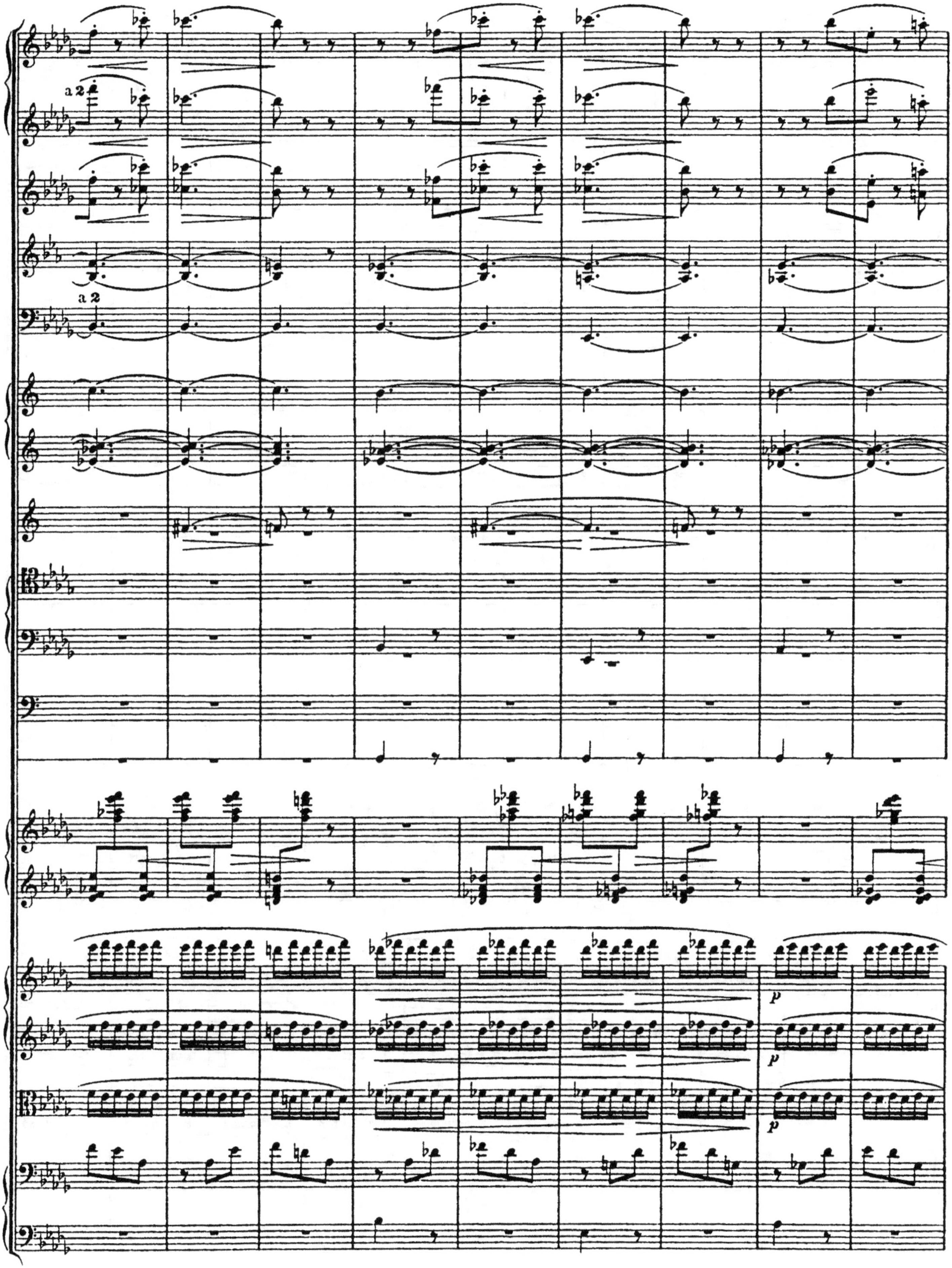
a 2
a 2
p
p
p

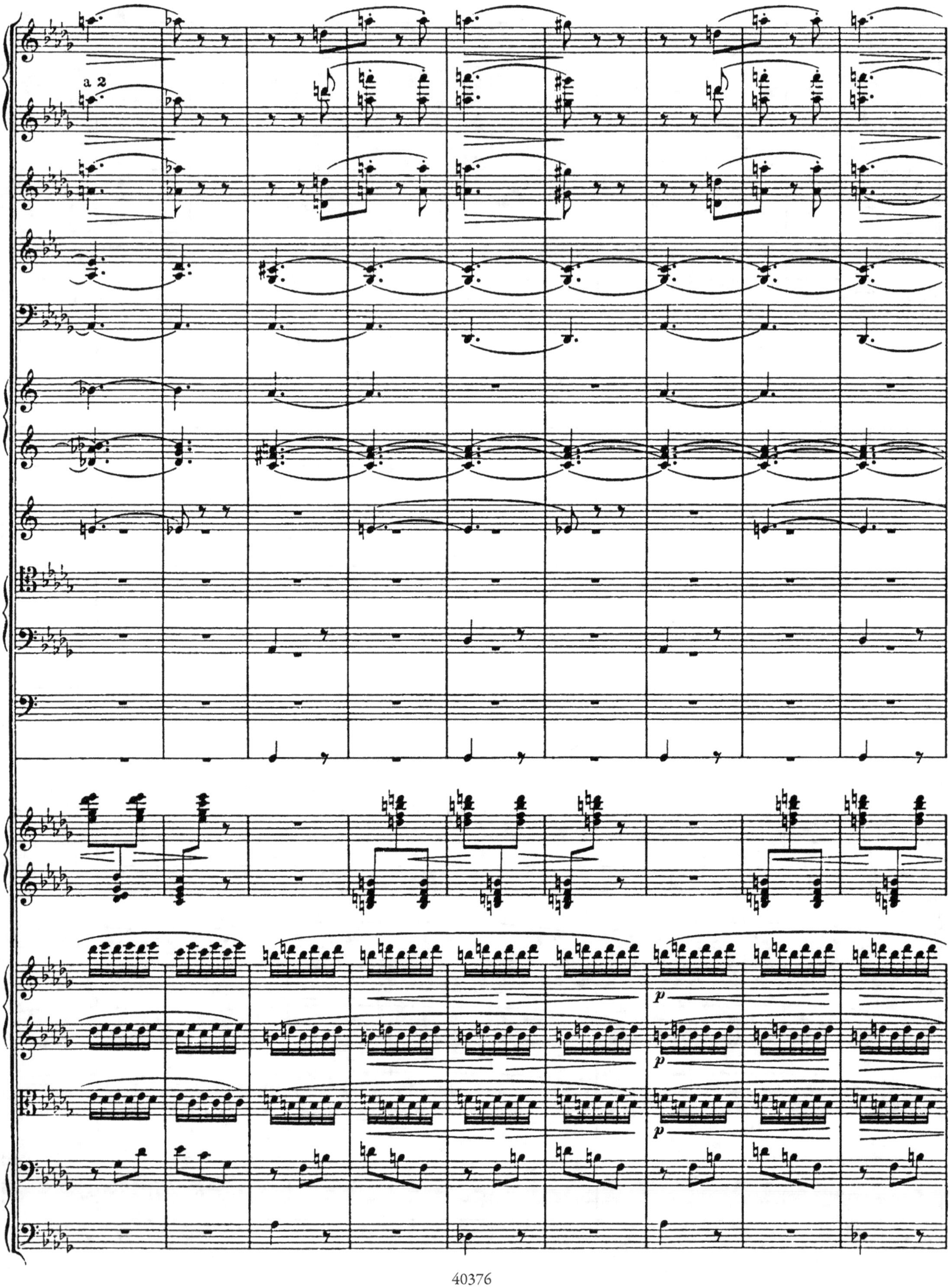
a 2
p
p
p

V Agitato.
a 2
a 2
p
p
p
p
p
p sotto voce
Muta in E.
p
p
pp
sempre pp
p
arco
p
arco
p
V Agitato.

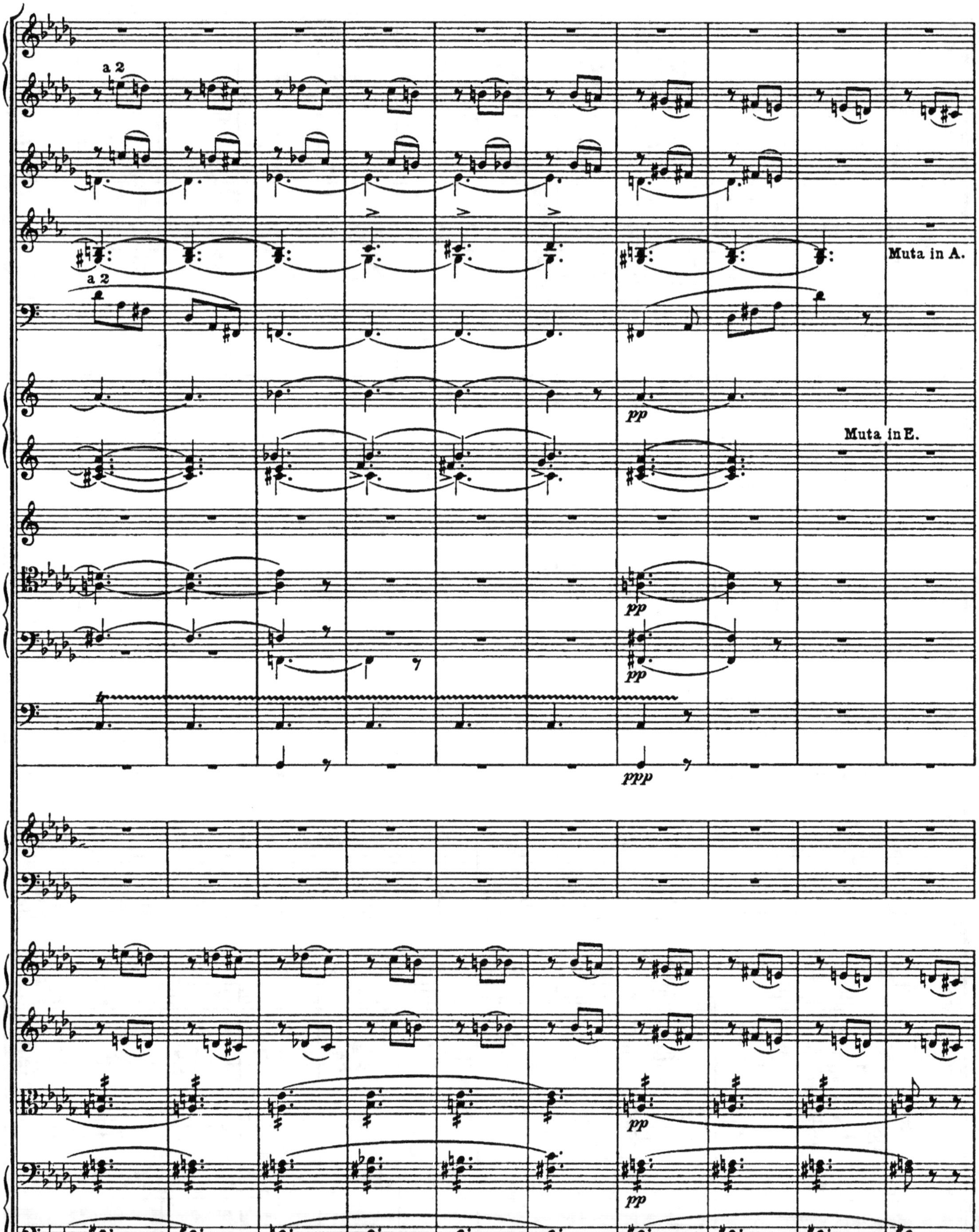
a 2
a 2
Muta in A.
Muta in E.
pp
pp
pp
ppp
pp
pp
pp

Fag.
poco a poco rit.
W
a tempo. Vivace.
pp
1. Viol.
2. Viol.
molto perdendo
molto perdendo
Br.
sul ponticello
p
Vcl.
mf marc.
Kb.
p
poco a poco rit.
W
a tempo. Vivace.
pizz.
p
Fag.
p
X
Hr. in E.
p
p
pizz.
p
sul ponticello
p
X

80

*) Mit sehr breitem Strich.
  Bowing very broad.
  Tout l'archet.
  Széles vonással.

40376

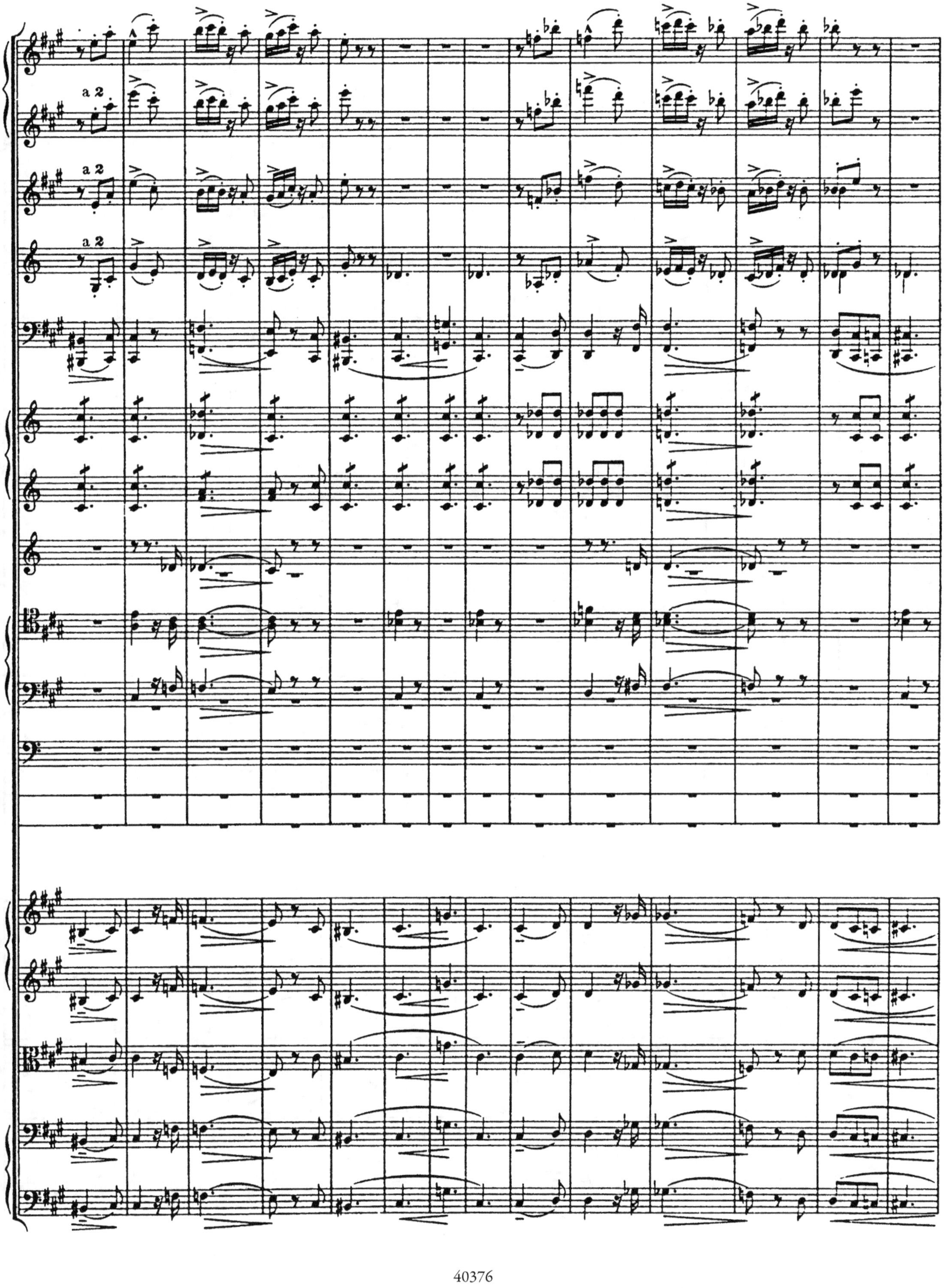
a 2
a 2
a 2

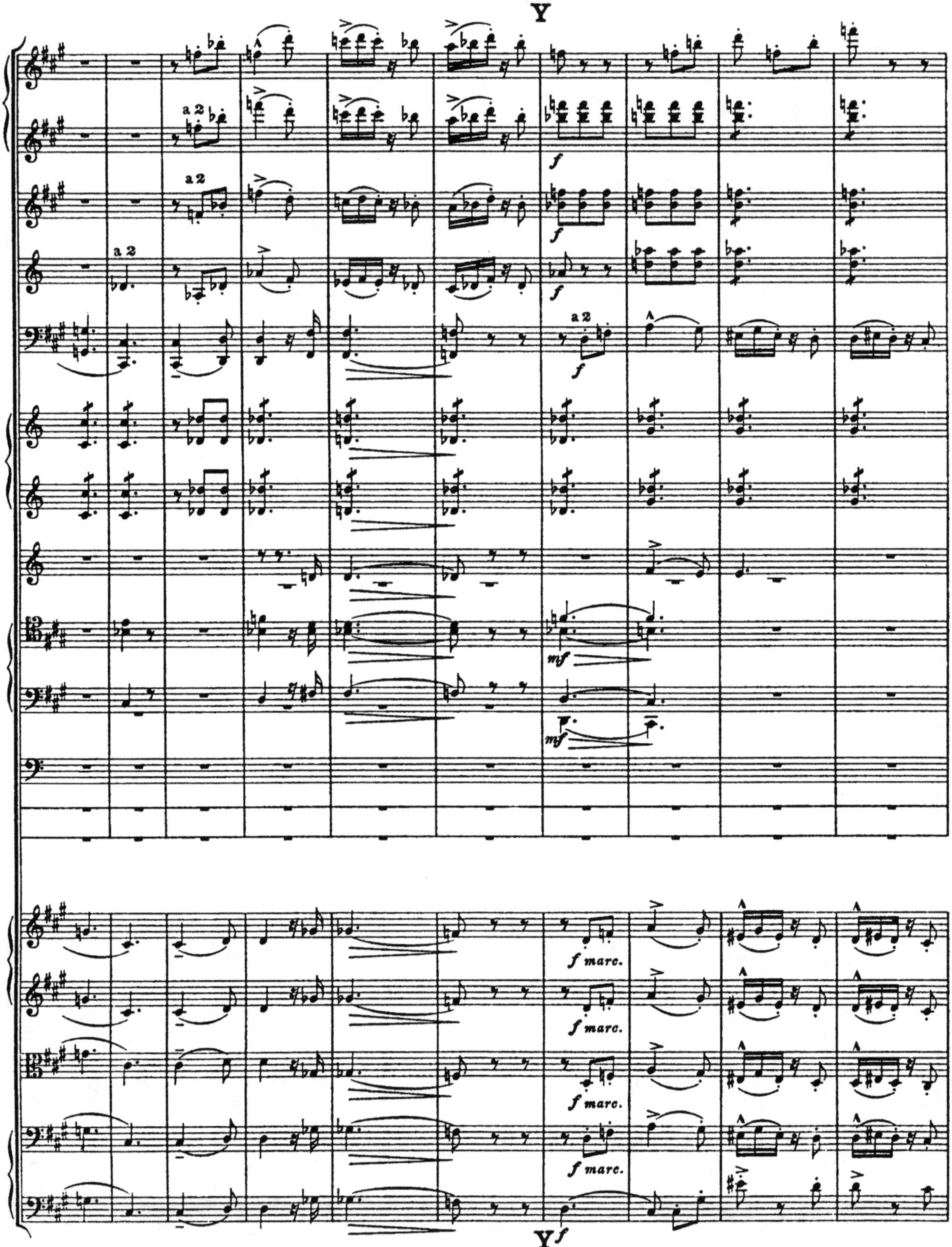
Y
a 2
a 2
a 2
f
f
f
a 2
f
mf
mf
f marc.
f marc.
f marc.
f marc.
Y
f

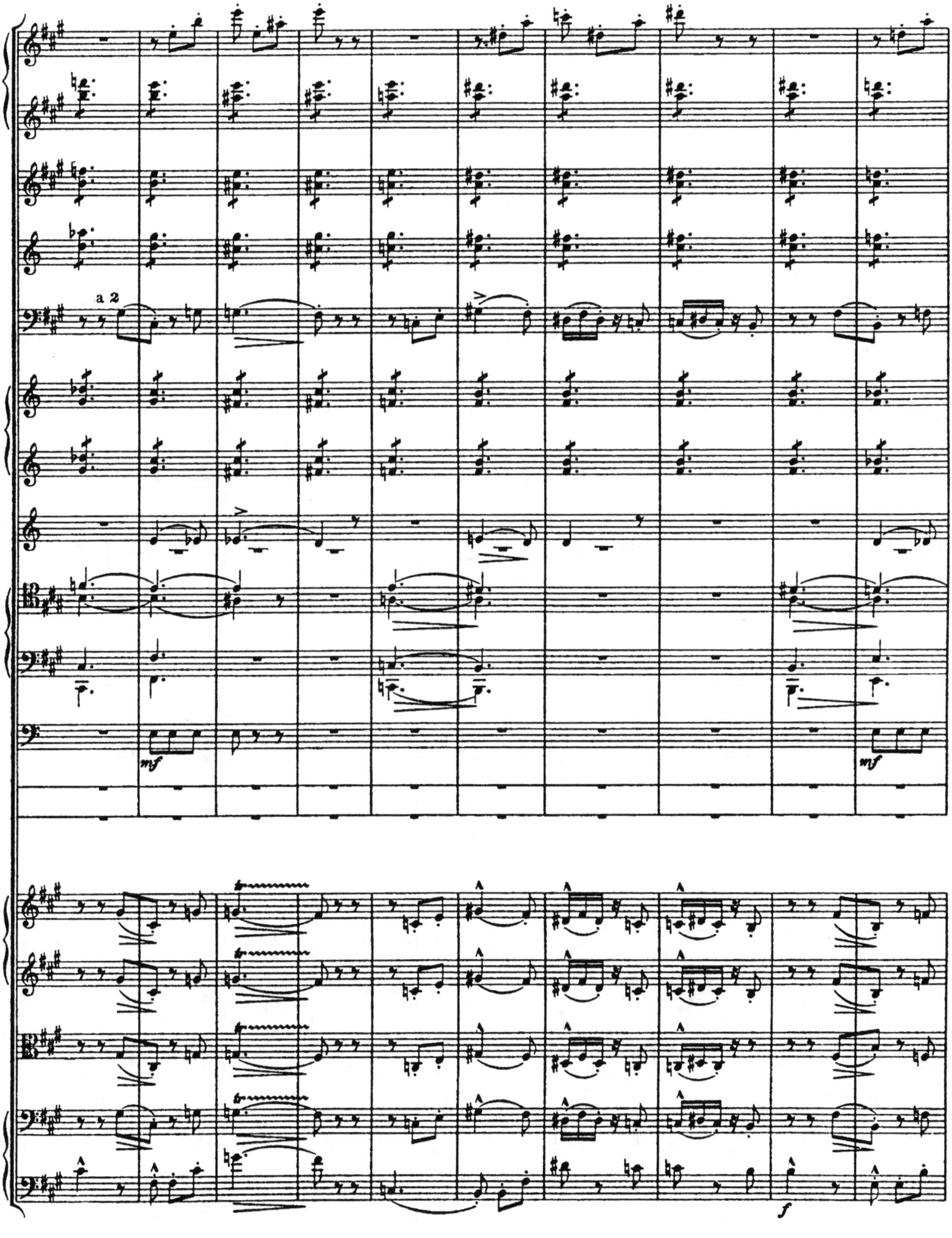
a 2
mf
mf
f

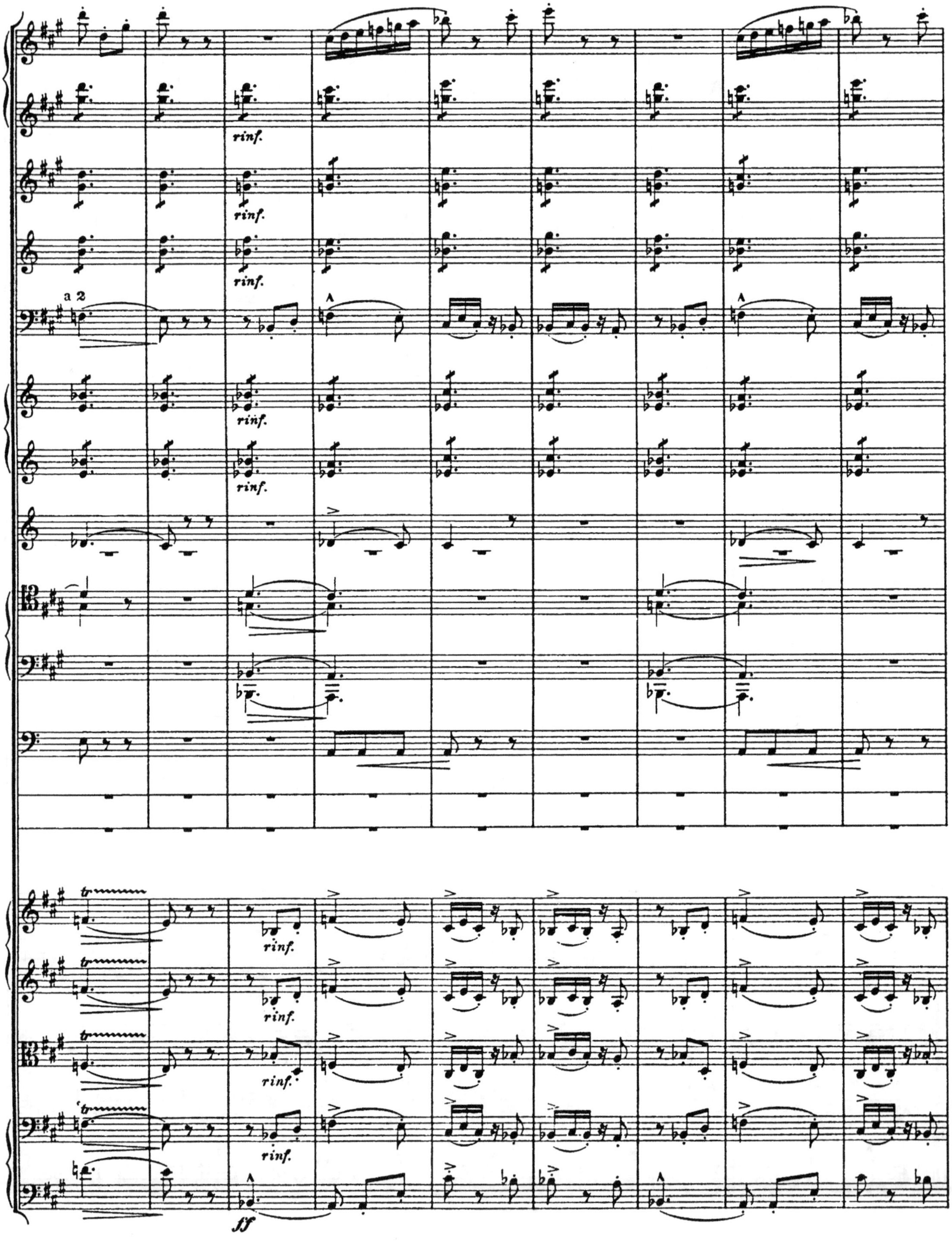
rinf.
a 2
tr
ff

immer mit Paukenschlägel
always with drum-sticks
toujours avec baguette de timbales
mindig bevont végü üstdobverövel

Molto vivace.
Aa
Wild; selvaggiamente.
a 2
in F
Becken ohne Schlägel
without drum-stick
sans baguette
Triangel
Molto vivace.
Aa
Wild; selvaggiamente.

a 2
simile
a 2
simile
simile
a 2
simile
a 2
tr
simile
simile
simile
simile
simile

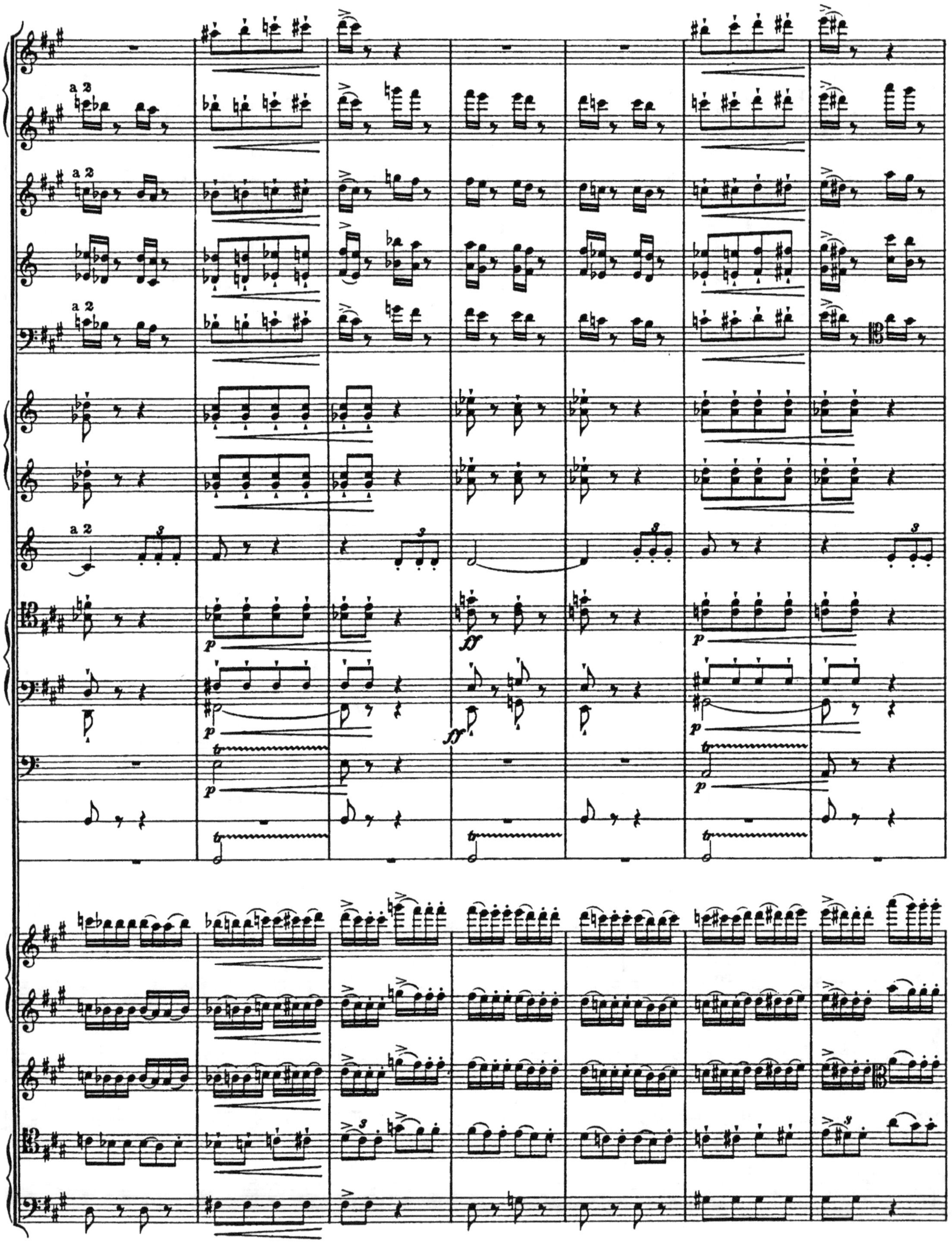
a 2
a 2
a 2
a 2
p
ff
p
p
ff
p
p
p
tr
tr

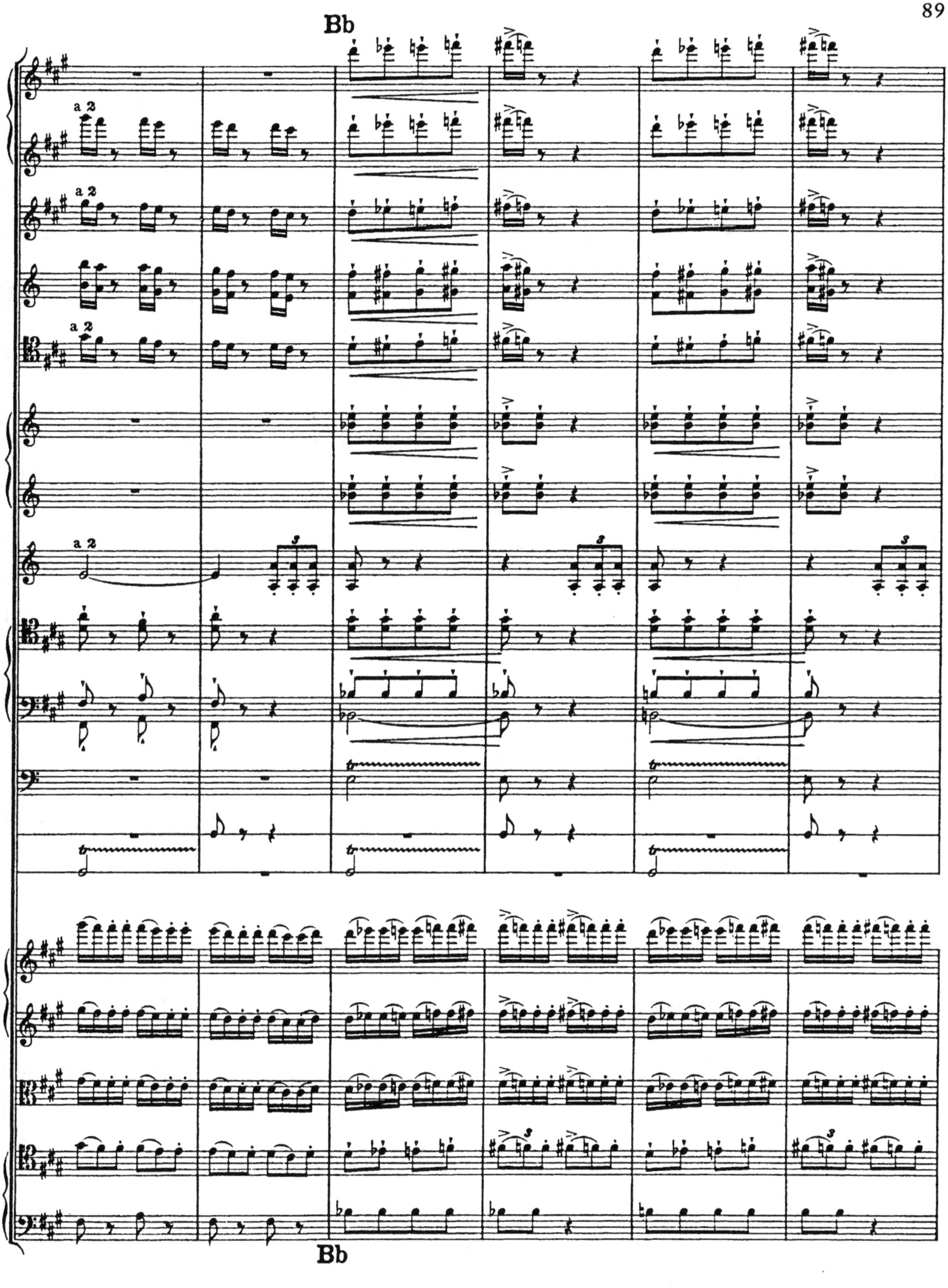
Bb
a 2
a 2
a 2
a 2
3
tr
Bb

Sempre animato.

staccato e scherzando

p

staccato e scherzando

p

staccato e scherzando

p

staccato e scherzando

p

staccato e scherzando

p

Muta in E

mf

pizz.

marcato

pizz.

marcato

pizz.

arco

pizz.

marcato

rinf.

p

arco

pizz.

marcato

rinf.

p

pizz.

marcato

rinf.

p

Sempre animato.

mf
mf
arco
rinf.
pizz.
arco
rinf.
pizz.
arco
rinf.
pizz.
arco
rinf.
pizz.
arco
rinf.
pizz.
arco
rinf.
pizz.

Cc
a 2
p subito
p subito
p subito
p subito
a 2
p subito
p subito
p
f
in E
f
mf
f
p
ff
p
arco
p subito ma sempre incalzando
rinf.
arco
p subito ma sempre incalzando
rinf.
arco
rinf.
pizz.
arco
p subito ma sempre incalzando
rinf.
arco
rinf.
pizz.
arco
p subito ma sempre incalzando
rinf.
arco
rinf.
pizz.
arco
p
rinf.
Cc

a 2
staccato sempre
staccato sempre
staccato sempre
a 2
p staccato sempre
p
f
ff
rinf.

Dd

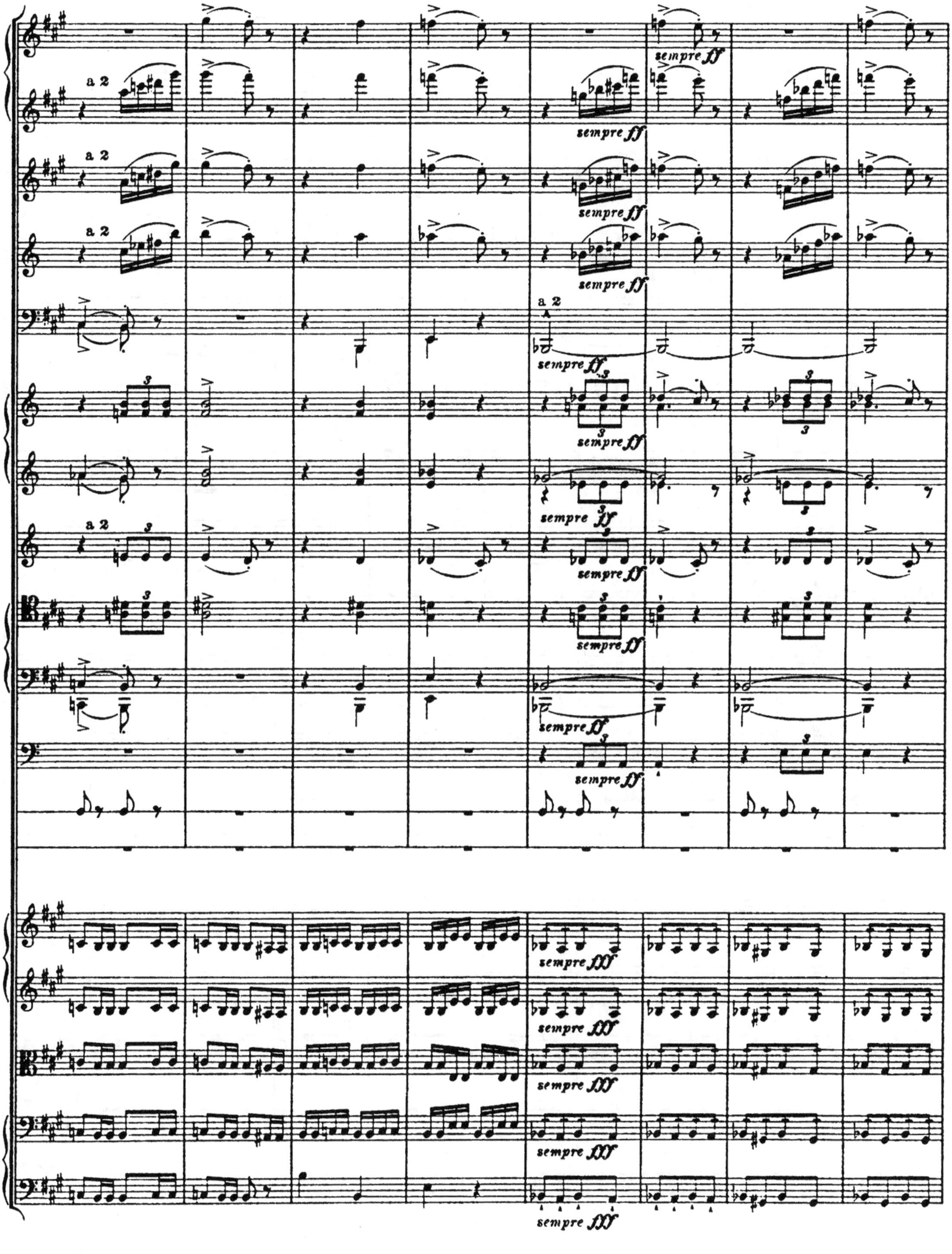
a 2
sempre ff
sempre fff

Ee

Ff

Vivace fantastico.

Ff Vivace fantastico.

Gg

Poco a poco più moderato. ($\bullet$. = $\bullet$)

Gg

Poco a poco più moderato. ($\bullet$. = $\bullet$)

Fl.
p
p
rall.
acceler.
pp
smorz.
lunga
Hob.
pp
smorz.
Klar.
pp
smorz.
Cadenza.
Solo
lunga
p
smorz.
lunga
glissando
p
Harfe.
Cadenza.
molto cresc.
pp
dieselbe Pedalstimmung
the same pedal
la même pédale
ugyanolyan hangolás
ppp
rinforz. stringendo
dim.
pp
perdendo

Erster Schluß.
First conclusion.   Premier finale.
Első zárás.

Hh

Fl. **Presto (Rhythmus von 4 zu 4 Takten).**

Hh Presto (Rhythmus von **4** zu **4** Takten).

Accelerando (Rhythmus von 2 zu 2 Takten).   **Ii**

Accelerando (Rhythmus von **2** zu **2** Takten).   **Ii**

a 2
Fl.
Hob.
a 2
Klar.
Fag.
a 2
Hr.
a 2
Tr.
a 2
1. u. 2. Pos.
3. Pos. u. Tuba.
Pk.
Becken.
Trgl.
3 4
Vcl
Kb.
p
ff
f
cresc.

„Und brausend verschlingt sie das Wonnemeer."

Zweiter Schluß.
Nach der Harfen-Cadenz Seite 99

Second conclusion.   **Deuxième finale.**
After the harp cadenza on p. 99   Aprés la cadence de harpe de la p. 99

Második zárás.
A hárfa-kadencia után (99 lap).

40376

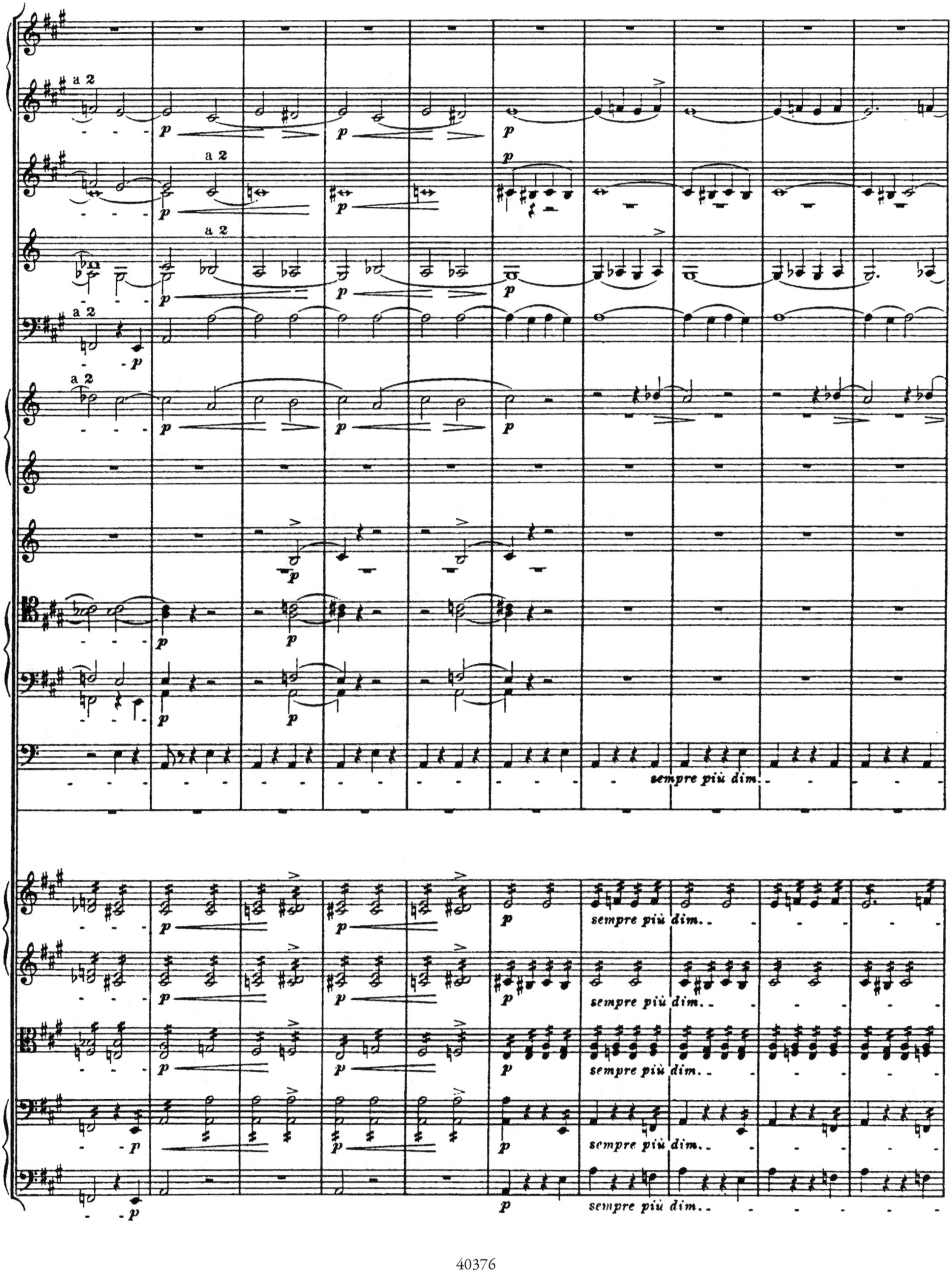
a 2
a 2
a 2
a 2
a 2
p
sempre più dim.

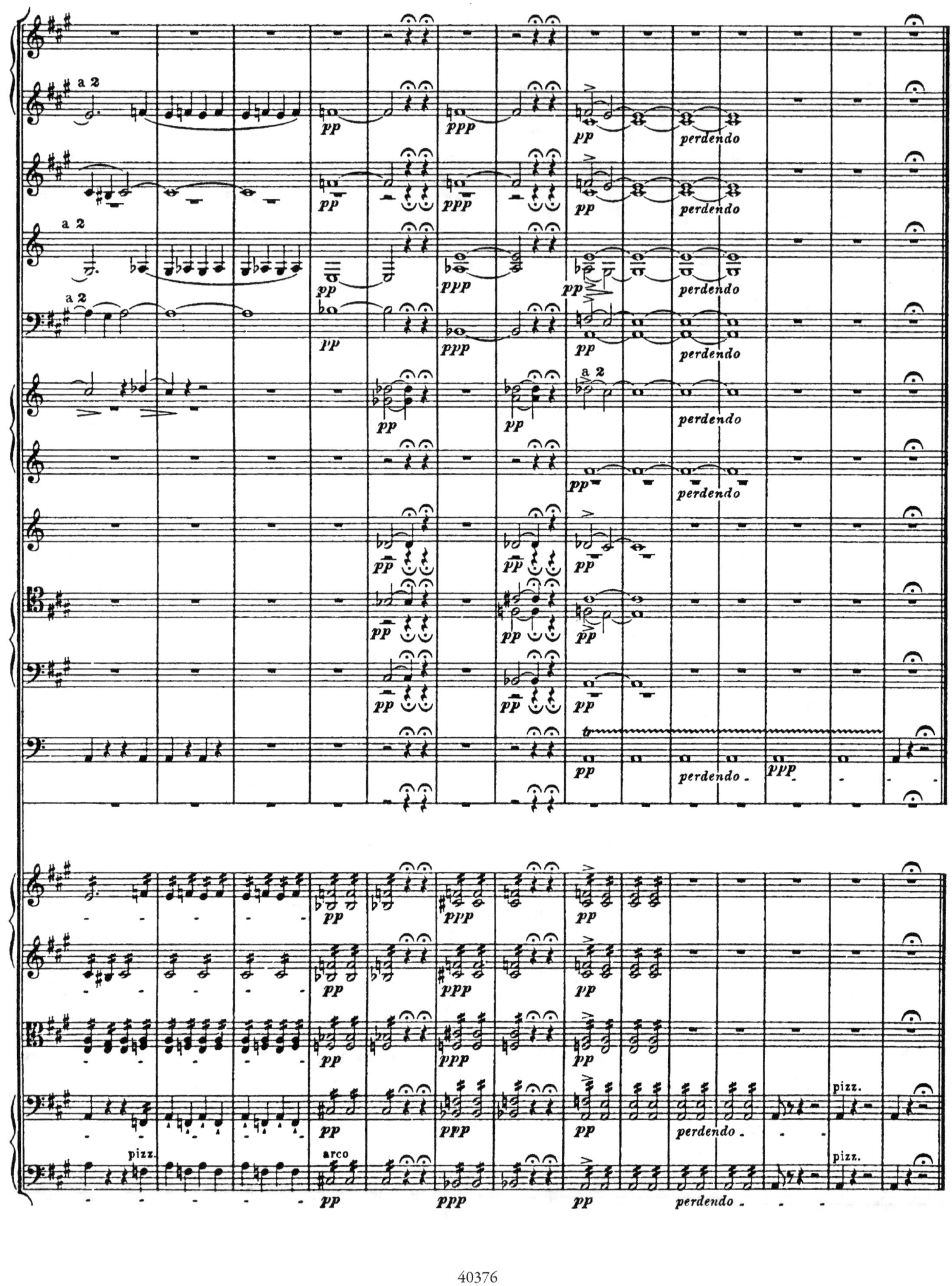
a 2
pp
ppp
perdendo
pizz.
arco
tr

REVISIONSBERICHT

Nr. 1. Der nächtliche Zug.

Als Vorlage diente die gedruckte Partitur, erschienen bei J. Schuberth & Cie. 1862. Verlagsnummer 2791.

Zur Vergleichung war mir zugänglich eine Abschrift von Karl Götze mit Korrekturen von Liszt. Sie trägt das Datum 2. Mai 1861 und den Vermerk: Stichvorlage. Ferner eine gedruckte Partitur mit Korrekturen von Liszt vom Juni 1874.

Beide Partituren befinden sich im Lisztmuseum zu Weimar. Die darin enthaltene Vorschrift betreffs der Widmung an Carl Tausig und des Eindruckens von Teilen des Gedichtes in die Partitur wurde befolgt.

Seite 4 stand in der geschriebenen Partitur von unbekannter Hand neben der Vorschrift ›a tempo. Äußerst ruhig‹ die Bemerkung: ›Von hier an ein wenig bewegter‹. Diese wurde auch damals in die gedruckte Partitur aufgenommen, fehlt aber in der späteren Klavierübertragung.

Da der Meister selbst diese Stelle in verklärter Ruhe spielte, im Gegensatze zu dem fließenden Tempo, welches er stets beim Andante forderte, so glaubte ich mich berechtigt, die Bezeichnung ›äußerst ruhig‹ als eine eindringliche Mahnung, hier das Tempo nicht zu beschleunigen, allein bestehen zu lassen.

Seite 7 ›Un poco accelerando‹; Seite 12 ›agitato molto‹ und Seite 13 ›stringendo‹ sind der Klavierübertragung entnommen.

Nr. 2. Der Tanz in der Dorfschenke (Erster Mephisto-Walzer).

Material wie oben.

München, Mai 1913.

Die Bemerkung unter NB: ›Das Stück ist fast durchgängig im Vierviertel-Takt zu dirigieren‹ stammt von Liszt. Sie kann selbstverständlich nicht wörtlich befolgt werden, sondern es ist darunter ein viertaktiger Rhythmus zu verstehen.

Die Tempoangaben Seite 30 ›un poco meno mosso e rubato‹; Seite 33 ›vivace fantastico‹ stammen aus der Klavierübertragung.

Nr. 3. Zweiter Mephisto-Walzer.

Vorlage: Gedruckte Partitur, erschienen bei Ad. Fürstner. Verlagsnummer 2176.

Seite 2, 6. Takt steht in der Vorlage 1. Viol. drittes Sechzehntel, *d*. In der Klavierstimme dagegen *dis*.

Da ich diese Stelle beim Meister in letzterer Fassung gespielt habe und nicht anzunehmen ist, daß er sie im Orchester geändert haben wollte, entschied ich mich für *dis*.

Mehrere Vortragsbezeichnungen entstammen der Ausgabe für Klavier.

Nr. 4. Von der Wiege bis zum Grabe.

Vorlage: Gedruckte Partitur. Verlag Ed. Bote & G. Bock Nr. 12812. Erschienen 1883.

Zum Vergleiche lag vor die Ausgabe für Klavier und eine Instrumentierung der beiden letzten Teile (Manuskript aus dem Liszt-Museum in Weimar).

Die Ergänzungen der vielfach mangelnden Vortragsbezeichnungen sind dem Manuskript und der Klavierausgabe entnommen.

Berthold Kellermann

www.ingramcontent.com/pod-product-compliance
Lightning Source LLC
LaVergne TN
LVHW081319060426
835509LV00015B/1577